堂下哲郎
Doshita Tetsuro
（元海将）

海軍式 戦う司令部の作り方

リーダー・チーム・意思決定

並木書房

はじめに――「海軍式」とは何か？

海軍には、船乗りの習慣や躾《しつけ》からくる独特の考え方や行動様式があります。

たとえば、千変万化する海に適応するため、合理的に考え柔軟に行動すべきということを「フレキシブルワイヤーたれ」と教えています。また、艦を操り任務を達成するための船乗りの知恵として「頭より早く艦《ふね》を走らせるな」とか「左警戒、右見張れ」など多くの言葉があります。

これらの考え方や行動様式に加えて、海軍は「分《ぶん》を大切にせよ」として乗組員の働きと艦全体のチームワークを重視しました。

「板子《いたご》一枚下は地獄」といわれるような艦の上では、乗組員全員が力を合わせないと安全な航海はできません。このため、軍艦では艦長から水兵まで一人ひとりが持ち場を与えられており、艦長は自ら先頭に立って率先垂範《そっせんすいはん》し、乗組員は自分の持ち場を全力で守ることが求められました。

このような軍艦ですから、敵と遭遇したり、被弾した自艦を救おうとする時の対応を決めるのに会議などは開きません。艦長の決断と乗組員のチームワークあるのみです。艦長のリーダーシップに運命共同体的な組織を強力に引っ張る力が求められるゆえんです。

「海軍式」とはこのようなものであり、一艦においてのみならず、多くの艦を束ねる艦隊の司令官やそのスタッフ（幕僚）組織である司令部についても同じようなことがいえます。

組織を構成するのが人である限り、IT（情報技術）やAI（人工知能）の時代になっても変わらぬ重要性を持つもの、それが「リーダーシップ」です。そしてリーダーシップを支えて成果を上げるのに欠かせないのが、司令部の「チームワーク」や「意思決定の仕組み」です。

今日、スタッフの仕事はITの活用でずいぶん効率化されました。将来、意思決定はAIの支援を受けるかもしれません。しかし、チームを作るのも人、最終的な意思決定を行なうのも人であることに変わりはありません。したがって、リーダーシップと同じく、チームワークや意思決定手法の重要性も将来にわたって変わらないでしょう。

本書は、このような「海軍式」を踏まえて、「戦う司令部の作り方」と題して、リーダーシップの諸問題を「リーダー」「スタッフ組織」「意思決定の仕組み」という三つの観点から論じます。

リーダーといえども本人だけでできることは限られています。また、リーダーが組織を方向づけるとしても、疲れて誤判断したらおしまい……では済まされません。リーダーを補佐して、その能力を遺憾なく発揮させるためには強力な「スタッフ組織」が必要です。さらにスタッフ組織が効率よく仕事ができる「意思決定」の仕組み作りも欠かせません。

長期間にわたる複雑な作戦を遂行するには、合理的な意思決定を組織的、効率的に行なわなければなりません。また、リーダーシップには、リーダーの資質や個性、さらには求められる役割に応じた「スタイル」があることも忘れてはなりません。

私は、これまで四〇年近く、海軍の先輩をはじめとするさまざまなスタイルのリーダーシップに接し、学んできました。その中には納得できたものもあれば、反面教師的なものもありました。もちろんすべてが成果を上げたわけでもありません。

これらの経験から学んだのは、リーダーシップを成り立たせ、そのスタイルを決めるいくつかの重要な要素があり、それらを理解して自分に合った形で実行することで効果的なリーダーシップを発揮できるということです。

日本海軍は、その七三年あまりの生涯の中で日清、日露、太平洋戦争など大きな戦争をいくつも戦った世界有数の大海軍であり、最優秀の人材を集め、進歩的な組織運営を行なった組織でした。そこで培われた合理性や柔軟性といった伝統は、まさに「戦う組織」そのものであり、「指揮官先頭」に象徴されるリーダーシップは素晴らしいものでした。

しかし、日露戦争での日本海海戦の成功体験から「大艦巨砲主義」「艦隊決戦主義」を絶対視し、次第に精神主義の影響を受け、硬直化していったのです。

その結果、日本海軍は太平洋戦争において、上級指揮官の情勢判断や意思決定に欠陥があったことを露呈しました。日本と同じく「イギリス海軍の弟子」として発展してきたアメリカ海軍との戦いに敗れた理由は、なにも科学技術や物量だけの問題ではなかったのです。

日本海軍には、さまざまな個性を持つ「名将」たちがいました。本書で繰り返し取り上げる山本五十六はその代表格です。彼の場合、申し分のない「情《じょう》の統率」を行ないましたが、連合艦隊司令長官として見せた戦略、作戦レベルの指揮ぶりには大きな疑問符がつきます。太平洋戦争敗因の一つとなった開戦時の真珠湾奇襲や歴史的な大敗を喫したミッドウェー作戦などがそれです。

この原因をリーダーシップの観点から見ると、山本自身の個性に加えて、日本海軍のスタッフ組織や意思決定における問題点がありました。本書では、これらを踏まえながら、「海軍式」の欠点を補う「戦う組織」にふさわしい「リーダーシップ」や「意思決定の手法」を論じます。

今日のリーダーに求められるものは多く、業績目標の達成や業務の改革、改善の推進はもちろん、コンプライアンス（法令遵守）、危機管理、働き方改革など多岐にわたります。これらはどれも部下任せにできるものではなく、リーダーが先頭に立ってはじめて実現できるものばかりです。

本書が提示する「戦う組織のリーダーシップ」は、これらに対する有力な対応策になるはずです。

過去の「名将」たちのカリスマ的なリーダー像を漠然と追い求める必要はありません。それではリーダーシップ論の敗北になってしまいます。彼らとて、すべての状況においてオールマイティというわけではありませんでした。彼らの並外れた個性や資質が、戦争という特異な状況において、指揮官として能力を発揮し得た時に「名将」と呼ばれたのだと思います。

本書では、「リーダーシップ」の要素であるリーダー自身、スタッフ組織、意思決定それぞれの側面から、「自分式のリーダーシップ」を確立する方法を提示します。

それは過去の「名将」たちの成功を単に真似るものではなく、一般人である私たちが、スタッフの力を十分に活用して、合理的な意思決定の手法を駆使し、着実に目標を達成しようとするものです。

本書の構成です。

第1章では、「海軍式」を理解するために現代にも通じる「海軍の仕事術」を紹介します。

第2章では、日本海軍の意思決定の仕組みに欠陥があったこと、そしてその原因を論じます。その多くは程度の差こそあれ、今日の日本社会でも見られる問題です。

第3章では、日本海軍の欠陥を補う「意思決定の仕組み」を紹介します。これは現代の各国海軍で採用されている考え方で、その基本的な考え方は一般社会にも適用できるものです。

第4章は、「チーム作り」です。リーダーとスタッフの関係、スタッフ組織の作り方、そしてそれらを機能させる手法を論じます。

第5章はリーダーに求められる資質や個性について、第6章はリーダーの果たすべき役割、第7章は自分自身のリーダーシップ像をどう作り上げるかを提示します。最後に「戦う組織」のリーダーとして必要な有事の心構えを述べます。

本書が「戦う組織」のためのリーダーシップ確立の一助となれば幸いです。

目　次

第4章　チームを作る　121

第5章 リーダーの資質と個性 148

第6章　リーダーの役割　164

第1章　海軍の仕事術

軍艦・艦隊・司令部

軍艦乗組員の多様な役割

世界の海軍で見られる「仕事術」や「リーダーシップ」は、帆走海軍の時代から培われてきたものです。軍艦におけるさまざまな特性がその成り立ちに影響しています。

現代海軍の代表的な軍艦といえば駆逐艦でしょう。軍艦には小さなミサイル艇から巨大な航空母艦までさまざまな種類がありますが、駆逐艦は長さ百数十メートルの船体に高速力を出すための数万馬力を超える複数のエンジンと多様な武器を所狭しと装備しています。

そのため、船体の多くの部分は武器やその管制装置、エンジンルーム、燃料タンク、弾薬庫などで占められています。乗組員の居住区画は二段、三段ベッドで、食堂も交代で食事する席数しかないなど、コンパクトでシンプルな構造になっています。短時間で出港できる即応性と、さまざまな任務に対応できる柔軟性が駆逐艦の持ち味です。

ちなみに、米海軍での駆逐艦のニックネームは「ティン・カン（Tin Can）」、つまり「ブリキ缶」といいます。これは、船体が亜鉛メッキをほどこした薄い鋼板で作られていたことに由来します。駆逐艦乗りは自らを「ティン・カン」と称して、艦長を中心に乗組員全員が家族同然、一致団結して軽快なフットワークでどんな仕事でもこなすことを誇りとしています。

軍艦では、エンジンを最大出力で運転しながら、すべてのセンサーと武器を使って戦闘するのに必要な人数を定員として、それを二交代、三交代で回して数か月にも及ぶ長期間の二四時間オペレーションを行ないます。

筆者が四〇歳の時に艦長を務めた「はるゆき」という護衛艦には二百人弱の乗員が乗り組んでいました。超大型タンカーでも三〇人ほどの乗員ですから大変な数です。平均年齢は二八歳。艦長、副長の下に砲雷科《ほうらい》（砲、ミサイル、ソーナー、魚雷、戦闘指揮システム）、船務科《せんむ》（戦闘指揮所運用、レーダー、センサー、艦外通信、ネットワーク）、航海科（信号、操舵、気象）、機関科（エンジン、電機、造水、空調、ダメージコントロール）、補給・衛生科（調理、補給、経理、文書、医務衛生）、飛行科（艦載ヘリ運用、整備）などで編成され、それぞれに幹部自衛官の科長が任命されて指揮をとります。

これらの乗組員の仕事は多岐にわたります。

第一は、艦を戦闘航海させること。これは乗組員全員が担当している武器や機器の能力を最大限に発揮させて艦の任務を遂行することです。被害を受けた時の応急処置、ダメージコントロールも忘れてはなりません。このため、航海中はこれらの練度を維持するための訓練が繰り返されます。

第二は、乗組員の艦内生活を維持するための給食、造水、空調など。艦は数か月にわたり海外を含むさまざまな環境で行動することも珍しくないため、おろそかにできないものです。とくに給食は士気を左右するものであり、心身の健康管理とならんで重視されています。これらの仕事は、主に機関科や補給・衛生科が担当しますが、乗組員自身の身の回りのことは、それぞれが責任を持つのが船乗りの流儀です。

第三は、運用作業です。これは艦の行動にともなって必要となる錨や短艇《たんてい》の揚卸《あげおろし》、係留索の取り扱い、食糧、燃料、弾薬の積み込み、洋上での補給作業などです。専門的な仕事は砲雷科や機関科が中心になりますが、積み込み作業の多くは「オールハンズ・オンデッキ」、すなわち総員作業で行なわれます。

第四は、整備作業です。停泊、航海中を問わず乗組員全員に割り当てられたハッチやバルブを含む機器を整備します。万一、機器が故障したら不眠不休で修理することもしばしばです。とくに艦載ヘリコプターの整備は、動揺する狭い格納庫で少数の整備員により万全を期さなければならない困難なものです。また、艦は年に一度、大規模な整備を造船所で行ないますが、これは、ふだん停泊中でも緊急出港に備えた待機を強いられる乗組員に休養をとらせるチャンスとなります。

少人数の司令部とスタッフ組織

このような軍艦を集めて艦隊を編成して作戦の指揮をとるのが「司令部」です。少数の艦で行なうのであれば数人程度の司令部で対応できますが、多数の艦で長期間にわたるオペレーションになると数十人に及ぶ司令部になります。

このような司令部が乗艦する艦を「旗艦《きかん》」といい、狭いながらも司令部の専用区画や一定の指揮機能が備えられています。すべての作業は手狭な執務環境で行なわざるを得ないので、スタッフは少数精鋭、熟練者が求められます。

大規模な部隊や作戦になると、数百人以上の規模で十分な指揮通信機能を持つ陸上にある司令部が担当します。このような司令部では、「作戦センター」が置かれ、作戦を実行しながら状況の変化に合わせて作戦計画を修正したり、リアルタイムで作戦状況を分析評価する機能なども充実しています。

大きな司令部の指揮官の下には、スタッフ組織をまとめる幕僚長《ばくりょうちょう》がいます。この幕僚長を含めて指揮官と日常的に接する上級スタッフ（幕僚）は、司令部の規模にかかわらず数人程度に限定され、それぞれの下に機能別の大小のスタッフ組織が置かれます。この直属のスタッフ組織は、指揮官の「チーム」ともいえるものであり、良くも悪くも司令部の能力や性格を決めることになります。

艦隊では、その編成と指揮系統は固定されたものではなく、指揮官の考えで、作戦に最も適した軍艦を集めて随時変更されます。また、指揮通信システムが発達していることから、指揮官の意図を個々の軍艦や航空機に迅速に伝えることも容易で、広大な海域での長期間にわたる機動的かつ柔軟な作戦指揮を可能にしています。

このことは指揮官個人の指揮能力が部隊の戦闘能力の発揮に及ぼす影響がより大きいということでもあり、海軍の大きな特質です。

指揮官先頭の伝統

指揮官は戦場のどこにいるべきか？

軍艦の艦長が艦橋で指揮をとるように、艦隊の指揮官は最前線に赴き、その旗艦で陣頭指揮をするのが伝統的な考え方です。これは戦術的にも理にかなったものでした。

つまり、指揮官が陣形の先頭艦にいれば、敵艦隊と遭遇して砲戦になり、戦列が乱れたり通信が不通になっても、旗艦のマストに将旗《しょうき》を翻《ひるがえ》して「指揮官ここにあり、我に続け」と示しておけば、列艦を率いて戦い抜くことができたのです。

一方で、最高指揮官が最前線に立つことは大きな危険にさらされることを意味します。陣形としては有利でも、戦闘になれば敵の砲撃は先頭の旗艦に集中します。戦闘中の指揮能力を維持するために、旗艦を防護された中央部に置く海軍もありましたが、日本海軍では将兵の士気を高めるという精神的意義を重視しました。

日本海軍の総大将である連合艦隊司令長官も同様でしたが、太平洋戦争以降は戦場が広大となったことから、柱島《はしらじま》（広島湾）などに停泊している旗艦から指揮するようになりました。これは作戦上の必要性からそのようにしたまでで、山本五十六長官（海兵三二期）が折にふれて前線の部隊に赴いて将兵を激励したように、陣頭指揮の精神そのものは何ら変わっていません。

その山本長官が最期を遂げるラバウルに進出する時のエピソードです。

参謀が「とうとう最前線に出られることになりましたなあ」と言ったのに対し、山本長官は「近頃内地では陣頭指揮とかいうことが流行っているようだが、ほんとうを言うと、僕がラバウルに行くことは感心しないことだ。むしろ柱島（泊地）に行くのなら結構なのだが。考えてもみたまえ。味方の本陣がだんだん敵の第一線に引き寄せられていくという形勢は、大局上、かんばしいことではない。もちろん、攻撃のためとか、士気鼓舞のための行動とこれとは、まったく意味が違うが…」と答えています。

参謀から危険だからと中止を進言されたものの、山本長官は大丈夫だろうと予定どおりに出発し、日本海軍の暗号を解読した米軍機の待ち伏せに遭い撃墜されました。

独自の構想に基づき開戦から一貫して指揮してきた山本長官は、作戦用語にいう重要な「重心（すべての力と行動が依存する中心）」であり、それを葬ることは米軍にとって大きな戦略的な目標でした。事実、この衝撃的な山本長官の死は一か月以上も伏せられました。

指揮官は戦場のどこにいるべきか？　統率と作戦指揮の観点からどのように考えればよいのか？

最前線に出向いて士気を鼓舞することは重要でも、戦略的な重心である総大将の安全はゆるがせにできません。颯爽と最前線に立つリーダーの姿は格好よく、組織の士気を高めますが、組織防衛の観点からは問題があります。

リスクとの戦いからトップをどう守るかは、一般社会においても共通した課題といえます。

一兵たりとも徒死せしめず

日本海軍では指揮官自ら危険を冒して陣頭指揮を行なう一方で、「部下は一兵たりとも徒死《とし》（無駄死に）せしめず」として、部下の生命に対しては極めて慎重でした。

太平洋戦争開戦時の特殊潜航艇による真珠湾奇襲は、攻撃後の乗員収容が可能になるまで山本五十六長官は作戦を許可しませんでした。古くは広瀬武夫少佐（海兵一五期）の戦死で知られる日露戦争での旅順口《りょじゅんこう》閉塞作戦における閉塞隊員の収容も同様です。

このような指揮官の姿勢により、上下が固く信頼して一致協力、最後まで一糸乱れず職務に精励《せいれい》するという日本海軍の伝統が作られました。

部下の生命を大事にするはずの日本海軍の例外的な作戦が、太平洋戦争末期の特攻作戦でした。生還を期さず爆弾とともに敵艦に突入するという「十死零生《じゅっしれいせい》（必ず戦死し生還を期さないこと）」は、作戦とはいえないと反対されました。「組織された特攻」を開始した大西瀧治郎中将（海兵四〇期）が自ら語ったように「統率の外道《げどう》」であり、「日本の作戦指導がいかにマズいかということ」を示したものだったのです。

散華《さんげ》された多くの英霊の功績をいささかも軽んずるものではありませんが、この特攻作戦が当時の日本が置かれた状況の中で万《ばん》やむを得ず行なわれたとしても、リーダーシップを論じる観点からは、二度と繰り返されるべきではありません。

後述するように、戦争の見通しを持たず、終結要領を決めずに開戦したこと（五五頁参照）、作戦としてとり得る方策が尽きた時点で終戦に持ち込めなかったことなど、意思決定、リーダーシップ上の問題点は極めて大きいといえます。

海軍式「率先垂範」の教え

指揮官先頭主義は、部下に対しては「率先垂範《そっせんすいはん》」として現れました。

海軍兵学校で作成された『兵科次室《じしつ》士官心得』（次室士官：候補生、少尉、中尉のこと）には、部下の指導にあたる若い士官としての心がけが示されています。

その中から「率先垂範」に関する部分をいくつか拾ってみます。これらは海軍兵学校を卒業して艦隊に配属される少尉候補生に対する教えでしたが、上級の士官となっても基本となる考え方は同じでした。（現代仮名遣いに直しました）

一、「功は部下に譲り、部下の過ちは自ら負う」は、西郷南洲翁が教えた所である。「先憂後楽」とは味わうべき言であって、部下統御（筆者注、統率のこと）の機微なる心理もかかる所に在る。統御（筆者注、統御者）たる我々士官は、常にこの心がけが必要である。寒い時に海水を浴びながら作業したものには、甲板士官や主計科士官と交渉して風呂や衛生酒（筆者注、特別の演習や作業をした時に慰労のために振る舞われる酒）の世話をしてやれ。

一、「率先躬行《そっせんきゅうこう》」部下を率い、次室士官は部下の模範たることが必要だ。物事をなすにも、常に衆に先んじ、難事と見れば、真っ先に之に当たり、決して人後《じんご》におくれざる覚悟あるべし。また、自分ができないからといって、部下に強制しないのは良くない。部下の機嫌をとるが如きは絶対禁物である。

一、兵員の悪き所あらば、その場で遠慮なく叱正せよ。温情主義は絶対禁物。しかし、叱責するときは、場所と相手とをよく見てなせ。正直小心の若い兵員を厳酷な言葉で叱りつけるとか、または下士官を兵員の前で叱責するなどは、百害あって一利なし。（以下略）

このようにふだんは部下に対して厳しさと愛情をもって接し、いざという時には自ら先頭に立って部下とともに危険に立ち向かう士官としての「ノブレス・オブリージュ」（高貴な者はそれに応じた果たすべき社会的責任と義務がある）の考え方が強調されています。

部下の先頭に立って範を示すという「率先垂範」のやり方はリーダーの数だけあるでしょうが、単に部下と同じことをして見せるだけでは、部下はついてきません。ましてや部下の見ている前だけ頑張っても、四六時中顔を突き合わせる狭い艦の中では、表面的な取り繕いはいずれバレてしまいます。

若き日の山本五十六のことを桑原虎雄（海兵三七期、のち中将）は次のように回想しています。少尉候補生として練習艦「宗谷」に乗艦中、分隊長であった山本の指導を受けた人物です。

高野（山本の旧姓）大尉は一度も部下を叱らぬ人であった。そして何んに依《よ》らず自分で先頭に立って実行された。別に余に見習えという意味で行動せられたのではない。垂範のための垂範ではなく、只《ただ》職務に忠実なのであるが、部下は自然その実行を見習った。率先垂範が元帥の場合は全く永続的で最後まで少しも変わらず、随《したが》ってその感化力は無限であった。

軍艦では、乗組員それぞれが自分の持ち場を守って協力しないと、戦さに勝って母港に帰還することはできません。このような究極の運命共同体ともいえる組織では、自然に団結力は強固なものになり、よい意味で、部下は上司からの指示や命令を待ち、進んでそれに従おうとするものです。この回想にある山本五十六大尉の統率は、無言のうちに滅私奉公の態度を身をもって示すことで部下を感化するものだったと思われます。

この「率先垂範」に関連して、裏表のない行動が大切だという意味で、「慎独《しんどく》」ということにも触れておきます。慎独とは、他人のいないところでも身を慎む、常に自己の心中に注意し雑念の起こらないようにすることとされています。今ではあまり聞かれない言葉ですが、『兵科次室士官心得』では、「常に慎独自らを欺かず、公明正大の人たることを心掛くべし。特に人の蔭口を言うは陋《ろう》（筆者注、いやしい）なり」と教えています。

かけ声やジェスチャーでは人は動かせない

「率先垂範」「陣頭指揮」は日本海軍の伝統とされていますが、米内光政内閣総理大臣（海兵二九期、大将）は、戦局が悪化した昭和一八年に出版した『常在戦場』で次のように戒めています。

世には陣頭指揮と云ふ言葉を履き違へ、或いは名誉心等のために、当然部下の為すべきことを自ら実行して得々たる人がある。海軍で例へて云へば、司令長官は司令長官の職務、艦長は艦長の職務、分隊長は分隊長の職務を全精魂を傾けて遂行すれば、それが則ち率先垂範、所謂《いわゆる》陣頭指揮であるので、艦長が部下、士官又は下士官兵に混つてそれらの職務を共同遂行したからと云つて、それが率先垂範でもなければ、陣頭指揮でもないのである。もしそんな事になるならば、軍艦を動かすことも、艦隊行動も出来なくなつてしまふ。（中略）掛声やゼスチュアだけでは、人を動かすことは出来ぬ。

この指摘は、戦時下にあって冷静な見方だと思います。海軍には、司々《つかさつかさ》で役割をしっかり果たすという意味で「分《ぶん》を守り、分を果たす」という言葉がありました。自分の持ち場を責任をもって守り、それを果たすことで、全体の目標達成に積極的に貢献するという意味です。米内の言葉は、まさにこの教えを言っているのです。このことについては、次にもう少し詳しく述べます。

「分《ぶん》」を大切に

強いリーダーシップには強いチームワーク

指揮官先頭に象徴される、力強く積極的な海軍式リーダーシップは、強固なチームがあってこそです。チームワークのできていないところでリーダーがいくら頑張っても、それは「空回り」になります。

よくある失敗は、リーダーが独走してチームが置いてきぼりになったり、できるリーダーが自分で仕事をやってしまいチームの力をかえって削《そ》いでしまうことです。

強いリーダーシップを作用させる時にはチームワークも強固でなければなりません。グイッと引っ張ったら、すぐにバラバラになってしまうチームでは困ります。リーダーの「張力」に堪えられるチームの団結力や実行力が求められます。逆の言い方をすると、リーダーはチームの団結力などを見極めて、リーダーシップの「馬力」を調整しなければならないということです。

「分」を守り、「分」を果たす

海軍の伝統は総じて軍艦での生活や活動が基本になっています。軍艦では、艦長から水兵に至るまで「部署」と呼ばれる分厚いマニュアルの中に、出入港、航海、戦闘など、さまざまな任務を行なう場合の一人ひとりの役割とほかの乗組員との連携要領が定められています。

また、装備品の一つひとつには、操作担当者と整備担当者が個人名で割り振られています。たとえば、武器、センサー、エンジン、通信機、真水製造装置、厨房機器、エアコン、トイレ、多数のハッチやバルブなどです。どの一つが故障しても艦の機能を十分に発揮することは困難になります。

このようなことから、軍艦では艦長であろうと水兵であろうと一人の過失も艦にとって致命的になることが徹底して教育されます。この意味においては、階級による任務の軽重はないといえます。

海軍では、このような一人ひとりの立場や役割を「分」ともいい、「分を守れ、分を果たせ」と教えました。一般に「分」というと、「分をわきまえる」などと、出過ぎたことをしないという消極的な意味で使われることが多いと思います。しかし、海軍での「分」は、自分の持ち場の責任を十二分に果たすという積極的な意味で使われています。

「長官退《ど》いてください」

一水兵の「分」も大事にしたというエピソードが、阿川弘之著『高松宮と海軍』に出ています。

昭和初年、観艦式の折の思ひ出でした。陛下が行幸になりますから、日本海軍の生き神さまみたいな東郷元帥も来て、お召艦のデッキに立ってお待ちしてゐる。森田貫一（筆者注、海機二三期、のち軍需局長、中将）さんもそこにゐた。

水兵が甲板洗ひをやってゐます。這ひつくばつて甲板を水とモップで綺麗に洗ひ清めて行くんだが、途中にたつてるお偉方の靴先が邪魔になるもんで、「ちよつと、そこの長官退いてください」、一人が言つたら、東郷元帥が「はいよ」と少し高いところへ、靴を濡らさないやうに避けたつていふんですがね。それを見て驚いたのが、侍従武官長だつた陸軍の奈良武次大将で、森田さんに、「自分はけふ、恐ろしいものを見た。水兵が元帥に向かつて、ちよつと退いてくれと、あんなこと陸軍で言へるものぢやない。あり得べからざる話だ」、さう嘆じたといふのです。

「海軍ぢやごく当たり前のことなんだが、陸軍の人の眼には不思議な光景と映るらしいねえ」と、森田老中将は笑つて話されました。

「なさってはなりません」

もう一つ、山梨勝之進大将（海兵二五期、のち学習院長）についての副官の思い出をかいつまんで紹介します。

昭和二十八年当時、まだ多くの海軍の大先輩が健在で、第二幕僚長（現在の海上幕僚長）への来訪も多かったのだが、そのなかのひとりが山梨大将であった。山梨大将は、アポがあれば時間調整をして必ずピタリの時間に来訪された。また、アポなしで来訪されるときには、一切事前の連絡はされなかった。連絡を入れれば、余程のことでもない限り、幕僚長が予定を空けて待たれることを御承知だからであり、それをさせまいとの配慮であり、この点徹底されていた。

山梨大将が、端正な服装で穏やかな笑みを湛えながら突然姿を見せられると、副官としては跳び上がって挨拶し、幕僚長に来訪を報告しようとする。

「今日はお時間は頂いておりません。お取次なさってはなりません。ただ山梨が近くまで来たので立ち寄りました。長沢幕僚長の御健勝と御活躍をお祈りしていますと、幕僚長のお仕事が全部お済みになってから、伝言願います。いいですか、書類をお読みになるのも大切なお仕事ですよ」

海軍は、形而上《けいじじょう》でも一つの文化を持っていたといわれる。山梨大将のご指導を考えるとき、少なくとも次のことに思い当たる。「責務とそれに伴う権限に対する尊敬と敬意」。日時を約束されて来訪されるとき以外、たとえ幕僚長室の前までお見えになっても、決して長沢幕僚長の時間をとることはされなかった。私のような副官に対しても「さん」づけで呼んで下さり、「なさってはなりません」とまでの言い方で教えて頂いた。

海軍のチームワークの根底にあるもの

水兵の「退いてください」と元大将の「なさってはなりません」のどちらも、海軍において個人の「分」が大事にされていたということです。乗組員一人ひとりが役割を担っている軍艦でも、個人の「分の集積」が海軍におけるチームワークの基盤です。決して命令を下すリーダーとそれを受けるだけの部下という関係ではありません。

運命共同体である軍艦では、艦を守るために厳しい躾や訓練が課されていました。これによって培われた厳しい規律に加えて、乗組員それぞれが自分の「分」を守っていることによる相互信頼や、狭い艦内で共同生活をすることによる上下左右の愛情があったからこそ、強いチームワークが成り立ったのです。

「フレキシブルワイヤーたれ」

海軍の美点「合理主義」

海軍の仕事術はシーマンシップや軍艦におけるチームワークが基本になっていますが、もう一つの基本は「合理主義」です。海軍では、総じて物事を広い視野から捉え、バランスのとれた柔軟かつ科学的な考え方に基づいて、理にかなった方法で対処したということです。多くの先輩も海軍の美点として挙げています。

なぜそうなったのでしょうか？

第一は、海軍は当時の科学技術の粋《すい》を集めた軍艦を使いこなすため、機械とそれを取り扱う乗組員の技術や精神力を重視しました。したがって、その考え方は科学的、合理的となり、近代技術を尊重し、物心両面を重視する傾向となりました。

第二は、敵と戦うより前に、まず海という大自然に順応する必要があり、人力や人知の限界に直面することが多かったこと。また、長期間の洋上での艦内生活は、陸上における政治や社会の動きから孤立しがちとなり、主義主張にこだわらない文化を生みました。

第三は、遠洋航海において世界各地を見聞したり、軍艦などの輸入のために外国造船所などに長期間滞在するなど、上級士官から水兵に至るまで世界の情勢に直接触れる機会が多くありました。このことは海軍軍人の視野を広くし、国際的なものの見方を育てたと考えられます。

「アングルバーで何ができるか」

合理主義は、健全な情勢判断や意思決定に不可欠です。しかし、道理さえ通っていればよいというわけにいかないこともあります。そのような時には、合理主義を脇に置いて、別の立場からの考え方に基づいた判断や行動が必要です。とくに海という大自然と折り合いをつけ、お互いを欺こうとする敵との戦いにおいては融通無碍《ゆうずうむげ》、臨機応変な対応が求められるのは当然です。

このような場合の柔軟性について、海軍では「アングルバーで何ができるか、フレキシブルワイヤーでなければならない」と言われていました。アングルバーとは山形鋼ともいい、建設現場などで広く用いられている構造用鋼材のことで、丈夫ですが限られた用途にしか使えません。一方、フレキシブルワイヤーは、クレーンなどで用いられているワイヤーロープのことで、丈夫でありながらも形を変え重量物を自在に動かせる融通性があります。

つまり「千変万化《せんぺんばんか》する海を活動の舞台とする海軍軍人は、固定観念にとらわれることなく柔軟性を持たなくてはならない」という教えです。

終戦時に海軍大尉だった作家の阿川弘之（兵科予備学生二期）は、「私は予備学生出身で、いわば臨時雇いの士官にすぎませんでしたが、戦時中の短い期間とはいえ、私どもが垣間見させてもらった海軍の良さは、ほとんどこの一語（アングルバーで何ができるか――）に尽きる感じがします」と回想しています。

行動の自由と独断専行

指揮官に柔軟性を求めるには、彼らに「行動の自由」を与えることが必要です。

作戦では、当初の命令どおりに動いていては、刻々変化する状況や敵の動きに対応できない場合があります。このような場合、指揮官が円滑に任務を達成できるように、臨機応変に行動を変更できる裁量の幅を、事前に十分に与えておきます。

この裁量の幅は、時間や空間、手段や使用可能な資源、あるいはとり得るリスクの程度などで示されます。

この行動の自由、裁量の幅はどのくらい与えればよいのでしょうか？　それを考えるヒントに「独断専行」という言葉があります。状況に応じて部下の責任において上司の命令と違ったことをやるということですが、その条件は三つです。

（1）命令を受け取った時と状況がまったく変化し、その状況を報告して新しい命令を受ける方法がないか、時間的な余裕がないこと。

（2）当初の命令を実行したら上司の意図に合致しないことが明白であり、自分の判断した新たな行為が上司の意図に合致すること。

（3）功名心や責任回避から出たものではない良心的な行為であり、その結果に対して自ら責任を負う覚悟ができていること。

海軍では、これらの条件に合致したら、独断専行は必ずやるべきこととされています。この考え方から、上官は命令を与える時には、状況の変化の幅を予測して、部下が適切な独断専行を行なえる「余地」をもたせることが重要となります。この「余地」が「行動の自由」の幅の下限となります。

一方、上限については、軍事作戦全般において適用される「戦いの原則」(軍事作戦において勝利のために普遍的に追求すべき原則)の一つである「経済の原則」の考え方に基づきます。

これは、主要な作戦において最大の戦闘力を発揮できるよう、ほかの作戦には必要最小限の戦闘力しか配分しないというものです。この考え方に合致する範囲を上限として時間、空間、資源を配分したり、手段を選択させて、リスクを管理するのです。

ユーモアを解する柔軟性

「フレキシブルワイヤーたれ」とは、「心を柔軟に、ユーモアを解する余裕をもて」ということでもあります。海軍では、「ユーモアを解せざる者は海軍士官の資格なし」といわれていました。長期間の洋上生活の一服の清涼剤として、また艦内生活の人間関係の潤滑油として「ユーモア」も重要視されていたのです。

ユーモアを解する心の感受性、思考の柔軟性を保つことは、適切な作戦指揮のためにも必要です。作戦指揮では、情勢の変化に合わせて行動方針を検討し、柔軟な発想で複数の選択肢を考え、その中から最善のものを選びます。これは、リーダーの最大の役割です。情勢の変化を正しく感じ取り、それに合わせて合理的な選択肢を考えつく限りにおいて作戦は続行できますが、選択肢がなくなれば「投了《とうりょう》」、すなわち敗北です。

どんな合理的な選択肢にも一定のリスクはあります。そのような場合にリスクを軽減、回避するための工夫をする努力は「何とかなる、何とかする」という楽観的な思考からしか得られません。

「失敗するかもしれない、いや、きっと失敗する」という悲観主義では、不安と恐怖が強まるばかりで、脳の働きもフリーズして、リスクとの戦いの道筋は見えてきません。柔軟性やユーモアが重視されるゆえんです。

伸縮テストと風流寄席

海軍は、楽観主義やユーモアをどのように役立てたのでしょうか?

明治海軍にとって最初の海戦となる日清戦争における豊島《ほうとう》沖海戦(一八九四年)での話。豪放で有名だった防護巡洋艦「秋津洲《あきつしま》」の艦長は、敵を発見するとすぐに「総員集合」を命じました。艦長は、敵を前にして恐怖感さえ感じていた乗員に向かい「みんな股ぐらに手を当ててみい。縮んでるようじゃあ戦はできんぞ」と大声で言い放ち、水兵たちの爆笑を誘い緊張をやわらげ、敵艦船を降伏させるという戦果につなげました。「伸縮テスト」です。

時代が下って太平洋戦争開戦時、真珠湾攻撃に向かう機動部隊の旗艦「赤城」は緊張感に満ちていましたが、飛行甲板の一角では、そんなことはお構いなしに大勢の飛行将校たちの爆笑が湧き起こっていたといいます。「風流寄席」ともいわれたこの集まりは、「ヘル談（猥談のこと）」の披露の場。奇襲の二日前には「膝頭」「天地創造の始め」など長短取り混ぜ二百余の「名作」がガリ版刷りの分厚い印刷物になり、一冊一〇円という高値で飛ぶように売れたといいます。その後、この飛行将校たちが大戦果を上げたのは言うまでもありません。

もちろん、士気を鼓舞する司令官の格調高い訓示や「皇国《こうこく》の興廃《こうはい》この一戦にあり。各員一層奮励努力せよ」という日本海海戦の伝統を引き継ぐ「Z旗」などは大事です。しかし、戦闘の現場にあり明日をも知れぬ将兵たちにとっては、このようなストレートなユーモアが心に響いたということでしょう。

「左警戒、右見張れ」

批判的思考を忘れるな

「左警戒、右見張れ」は軍艦の見張りの教えです。警戒中の軍艦のブリッジ（艦橋）では、艦長や航海長をはじめとする乗組員が双眼鏡を手に懸命に見張りについています。波間に潜水艦の潜望鏡は見えないか、雲の切れ間から敵機が突っ込んでこないか、レーダーなど装備されていない昔の軍艦ではこのような見張りがすべてでした。

「左〇〇度潜望鏡らしきもの！近い！」

「左警戒！」

見張りの報告を受けた艦長は直ちに命令し、乗組員の視線がその方向へ注がれ、直ちに攻撃に備えた態勢がとられます。その時、ブリッジの中央にいる航海長だけは、即座に皆と反対の右を向き、不意の敵の襲来がないか警戒を強めます。

この航海長のやり方が「右見張れ」であり、全員の注意が一方に集中し、反対側からの攻撃を受ける不覚《ふかく》を防ぐ意味があります。

これは、軍艦の見張り以外にも当てはまる考え方です。たとえば、何かの事件や事故が起こると組織の注意力はそちらへ集中しがちですが、一方で誰かが冷静に通常の業務遂行を監視していないと、そちらに二次的な悪影響が生じないとも限りません。

このような場合の一方に偏《かたよ》らない目配り、言い換えれば注意力の適度な分散が重要です。

また、「左警戒、右見張れ」には意思決定における重要な考え方も示しています。「フレキシブルワイヤーたれ」の項で、合理主義は海軍の伝統であると述べました。合理的思考を積み上げて一定の結論に収束しつつある時、あるいは多数意見が優勢な場合にも、意外な「落とし穴」があるものです。結論を出す前に、論理的な代替案や反対意見を検討してみる、あるいは「悪魔の代弁者」（付録1 一三三頁参照）などを使って批判的検討を加えることによって結論の健全性を確認すべきことを教えています。

船乗りの教え

頭より早く艦を走らせるな

「頭より早く艦を走らせるな」というのも老練な船乗りの教えです。船乗りは、航海に備えて目的地までの航路を検討し、周到な航海計画を立てます。しかし実際に航海を始めると、天候状況や航路の混み具合などから計画どおりには進みませんから、そのつど判断して、針路やスピードを修正することになります。

頭の中で浅瀬や急流の存在、近づいてくるほかの船舶の回避、変化する天候への対応、積み荷の状態、燃料やエンジンの状態、航海計画とのずれの修正など、多くの要因に優先順位をつけながら対処しなければなりません。

このような艦を操る能力（頭）は、修練によって向上しますが、その能力を超えるスピードで艦を走らせたり、夜間や視界が悪い時には対処が追いつかなくなり、安全のためのマージン（余裕）が減少します。未然に事故を避けるには、艦のスピードを落としたり、自分の能力に見合った別の安全な航路に変更しなければなりません。このようなことを「頭より早く艦を走らせるな」という言葉で教えています。

この教えも艦だけの話ではなく、組織の運営や会社の経営についてもいえることです。新しく始めた事業が順調に拡大しても、事業規模に見合ったリスクマネジメント能力が追いついていないと、不測の事態や状況の急変に対応できず破綻してしまうかもしれません。この言葉は、会社や組織の成長に見合った管理能力や基盤を整備しないと、その成長は脆いものになるという教えとも解釈できます。

慣れた航路も初航路

これまでに幾度となく通り、慣れ親しんだ航路であっても、季節や時刻、天候や潮汐《ちょうせき》の状況により千変万化します。通り慣れた場所であっても初めて通る時と同様に、最新の海図や情報を集めて周到な航海計画を立てなければなりません。

何回も通ったことがあるからと記憶に頼った航海をしたり、最新の情報の確認を怠ると思わぬ失敗をします。真のベテランとは、慣れの怖さを知り、それを回避できる人です。どんな場合でも基本をおろそかにせず、毎回細心の注意を払いたいものです。

これは「前動続行《ぜんどうぞっこう》」（五八頁参照）に対する戒《いまし》めとも重なります。いつもの仕事だからと、先入観や固定観念で判断していると、状況の変化に対応できないだけでなく、油断も生まれます。さらには、このような前動続行的な風潮が組織内にはびこると、創造力や改革、改善をさまたげる「精神的な動脈硬化」さえ招きかねません。

「宜候（よーそろ）」の精神

艦を洋上でまっすぐに走らせるには、風や波の影響を見越して絶えず舵を微調整しなければなりません。艦艇の針路を定める時、航海長は「○○○度よーそろ」という号令をかけますが、この号令を受けた操舵員（艦の舵輪を操作する水兵）は、指示された針路で進むように自分で舵を操作し続けます。つまり、「宜候（よーそろ）」というのは、「細かいことは指示しない。言われた結果になるように宜しくやってくれ」という意味です。

これを海軍では一般の仕事にもあてはめて、上司が示した所望の結果を実現するように、部下はその意図を推し量り、状況に最も適した手段を用いて目的を達成することと教えました。

風波を受けて動揺する甲板上では、ああしてこうしてなどと細かく指示できません。このような状況で効率的に仕事を進めるため、その一部を部下に委任する考え方は海軍ではごく普通のこととして行なわれてきたのです。

ちなみに、似たような状況で「色気をつけろ」ということも言われました。この「色気」の意味は、仕事の出来栄えはもちろんのこと、仕事のやり方や心構えも含んだ見栄えのことをいいます。甲板上の係留索の整頓、報告資料の仕上げなども細かい指示がなくても、丁寧に見栄えのよい仕事をせよということです。

出船の精神

艦が母港に帰ってくると、岸壁に横付けして、太くて重い係留索で所定の位置にしっかり固定します。大型の艦ではかなりの時間を要する作業です。港の外から岸壁にまっすぐ入ってきて、そのまま横付けするのを「入船《いりぶね》」といいます。これだと次の出港時に岸壁を離れてから、港の外に艦を向けるのに一八〇度回転（回頭《かいとう》）する必要があり、どうしてももたもたします。

この回頭を帰ってきた時に済ませて、艦を港の外に向いた形で岸壁に着けるのが「出船《でふね》」です。こうしておけば、入港時に時間はかかりますが、次の出港では迅速に港の外に出られます。

長い航海から疲れて帰ってきた乗組員は、一刻も早く上陸して休みたいものです。乗組員の士気を考えると艦長もそうしてやりたいのですが、そこをぐっと我慢して船を出船に着け、燃料や食糧を補給し、航海中に届いた書類をチェックし、傷んだ部分を早急に修理して、次の出港に即応できる態勢を整えてから休むのが「出船の精神」です。有事即応のための躾ともいえます。

この考え方は、仕事であれば、その日の仕事をきちんと片付け、翌日すぐに仕事に取りかかれるように段取りしてから机を離れるということです。物の収納も次に使う時にすぐに取り出せるように整理整頓すべきことを教えています。

五分前の精神

昔の軍艦には、指示や号令を艦内へ一斉に伝達できるラウドスピーカーはありませんでした。そこで、艦長が「課業始め！」とか「総員集合！」といった号令をかけると、メガホンを持った伝令が艦内に触れ回りました。その時間が五分ほどかかっていたので、ラウドスピーカーが装備されても重要な作業を始める前には「課業始め五分前」とか「総員集合五分前」などと五分前を予告するようになったのです。

この「五分前の精神」は、ただ開始時刻までに準備を完了すればよいというものではありません。準備を完了させて落ち着いた気分で物事の開始を待つという、物と心の準備を万全にするという意味があります。そうすることによって、物事に余裕をもって取りかかることができ、予期せぬ状況の変化にも臨機応変の処置がとれ、全力発揮できるという考え方です。

したがって、「五分前」というのは三分で済む時もあれば、三〇分を要することもあります。時間に遅れないようにするあまり、「五分前の五分前」とでもいうような早め早めの行動を誘発して、かえって時間のムダを生じることもあります。これに対しては「スマートさ」という言葉で、先を見越したムダのない時間の使い方が求められました。

このような時間に対する考え方の背景には海軍の任務の特質があります。海戦では一瞬でも早く相手に砲弾を命中させることが勝敗を左右します。また、広大な洋上において作戦を成り立たせるには艦艇や航空機は「ドンピシャリ」の時間と場所で行動を起こさなければなりません。さらに乗組員は定められた帰艦時刻に少しでも遅れると艦の出港に間に合わず、戦闘に参加できないことになるため厳罰に処されました。

一般社会でも時間を守ることは重要ですが、海軍では、このようにはるかに厳密な意味で迅速さや時間の厳守が求められました。

「海軍式」事務処理

海軍省が創設されたのが明治五（一八七二）年ですが、明治一九（一八八六）年には『海軍各庁処務通則』により事務処理の基本が示されました。このことから海軍は日本の近代経営の先駆者ともいわれます。

この『処務通則』の第二条には、「およそ事務を処するは繁文《はんぶん》を去り、簡易を主とし、重要の事件又は物品金銭の計算書授受交換の証書の如き止むを得ざるものの外は、なるべく文書を用いず、互いに面議して処弁すべし。但し、省外各官庁の如き隔離するものは、面議に代えるに書信を以てするはその便宜に任すといえども、極めて簡短便捷《かんたんびんしょう》なるを要す」と示されています。

この中で、「繁文を去り、簡易を主とす」「極めて簡短便捷なるを要す」は、海軍事務処理の「基本精神」として海軍経理学校でも繰り返し叩き込まれました。

元海軍主計中尉であった和田良信（海経一一期、のち足利工業大学理事長）は、『海軍式マネジメントの研究』で海軍経理学校などで指導された「海軍式事務管理の要諦」を以下のようにまとめています。私たちも若い頃、同じような指導を繰り返し受けましたし、今日でも一般に通用する考え方です

①迅速――今日の仕事を明日まで残すな。

②正確――ダロウで仕事をするな。

③アタマに書くな、メモをとれ。（以下略）

④士官は自分の意見を持て。「いかが取り計らいましょう」なら下士官兵でもいえる。士官たる者は「私はこのようにしたいと思いますが、いかがでしょうか」と上級者に訊ねよ。

⑤士官の「士」という字は「十」に「一」を加えたもので、十人の心を一にするのが士官であると思え。
⑥機密を守れ。この一点に関しては、愛する部下といえども敵と思え。
⑦考課に関することを下士官兵に漏らすな。これを洩らしたら部下の心を把握することはできない。
⑧「後悔」するな。「先悔」せよ。後悔を先に立たせよ。
⑨「けじめ」をつけよ。ダラダラと仕事を残すな。やる時は猛烈果敢にやれ。遊ぶ時は徹底的に遊べ。
⑩一枚の紙でも粗末にするな。反故紙《ほごし》は四つに切ってメモ用紙に使え。
⑪同じミスを二度犯すことを馬鹿という。
⑫考課をつける時は短所を先に書け。「ねばり強いが気が利かない」と書くよりも「気が利かないが、ねばり強い」と書け。印象は最後が強いと記憶せよ。
⑬いくら飲んでもよいが、部下の前に酔態をさらすな。
⑭課業中、私信を書くな。
⑮部下の名前を早く覚えよ。（中略）姓名を訊くようでは部下の心を把握できないものと心得よ。

命令の必須要件—簡潔にして明確

日本海海戦（一九〇五年）で旗艦「三笠」のマストに掲げられた「Z旗」は広く知られています。これは、ネルソン提督がトラファルガー海戦（一八〇五年）で、「England expects that every man will do his d-u-t-y」という信号を掲げた故事にならい、その直訳に近い「皇国の興廃この一戦にあり。各員一層奮励努力せよ」を、万国信号書の一旗信号で空きになっていた「Z」旗にあてたものです。

この東郷平八郎長官の信号は、簡潔で要点を押さえた力強いもので、同海戦で大勝したため、国民の間にも親しまれました。その後、太平洋戦争においても、ハワイ、マリアナ、レイテの各海戦でも掲げられました。

時が移り、太平洋戦争の頃になると、文章に凝りすぎて、勇ましい美文調の語句が多くなり、その弊害も多くみられたといわれています。とくに戦争の中盤以降になって戦局が不利になると、その傾向は一層強まり、命令の必須要件である「簡潔にして明確」が押しやられ、作戦目的、攻撃目標すら明示されないこともありました。

たとえば、開戦時のハワイ作戦（一九四一年一二月）の作戦方針は「…機動部隊並に先遣部隊は極力其の行動を秘匿しつつハワイ方面に進出、開戦劈頭《へきとう》機動部隊を以て在ハワイ敵艦隊に対し奇襲を決行し之に致命的打撃を与ふると共に先遣部隊を以て敵の出路を扼《やく》し極力之を捕捉攻撃せんとす。空襲第一撃をX日〇三三〇と予定す…」となっていました。

これに対し、戦争末期の捷号《しょうごう》作戦（一九四四年一〇月）では、「…聯合艦隊は陸軍と協同、来攻する敵を捷号決戦海面に邀撃《ようげき》撃滅して、不敗の戦略態勢を確保す。森厳《しんげん》なる統帥に徹し、必勝不敗の信念を堅持し、指揮官陣頭に立ち、万策を尽くしてこの一戦に敵の必滅を期す…」となっており、具体性の乏しい抽象的な表現が目立ちます。（いずれも現代仮名遣いに修正）

簡潔と明確を要件とする命令ですらこのとおりでしたから、指令、指示、訓示となるとその傾向はさらに強まり、幕僚は「名文」を書くのに少なからぬ労力を費やし、その結果として通信量は増大し、より重要な状況判断が犠牲となりました。

現代のビジネスシーンでも、簡潔、明確な文章、言葉遣いは難しいものだと思います。書店で多くのビジネス文書、敬語・言葉遣いの本が棚に並んでいるのも頷けます。

文章、言葉遣い以外にも、「社内おもてなし」の問題も以前から指摘されています。ある会社では、会議・メール・資料作成という三つの社内業務だけで勤務時間の半分以上を占めていたそうです。すでに決まっている内容の報告で終わる会議、必要以上に体裁を整える社内用資料、失礼のないように気を使いすぎるメールなど、明らかな無駄がありました。

いわゆる「バイト敬語」や「大名言葉」（目上が目下に使う言葉）の誤用などは論外としても、部下の「〜させて頂きます」「〜でございます」などの慇懃《いんぎん》な言葉使いは、往々にして中味のなさや詰めの甘さをごまかす際に使われています。海上自衛官時代、私も、「『板』（頂きます）とか『ゴザ』（ございます）を敷くな」とよく指導されました。

命令下達《かたつ》の心がけ

リーダーとして部下に指示、命令を出す場合の心がけは、海軍の時代からさまざまにいわれています。私たちが教えられたことを箇条書きにまとめました。実際には、これらの条件を意識することなく、ごく自然に行なわれることが指揮統率の究極の目標とされています。

1 命令する事項

命令事項は、自己の職権の範囲内であって、受令者の識量に見合ったものとする。

2 命令の内容

（1）発令者の目的や意図に加え、とるべき行動、達成すべき目標、所望結果のいずれかを明示する。

（2）任務遂行の手段に関しては大枠を示し、受令者の行動の自由を確保する。

（3）必要に応じて、兵力（資源）の経済的使用の考え方、被害の許容範囲や禁止事項を明示する。

3 命令の出し方

（1）同一受令者に対しては一時機に一命令とする。

（2）適当な命令下達の時機を選び、命令はショートサーキット（指揮系統を飛び越えること）させない。

（3）命令は厳正に下令し、即時実行、完遂を要求する。この際、受令者に命じた理由を示したり、服従を疑ったり、威嚇や皮肉を交えないこと。

（4）受令者の遂行した結果に関しては、発令者が全責任を負う覚悟を持つ。

（5）必要に応じて、中間報告、事後報告の仕方、次の命令を受ける要領を示す。

（6）下令した命令の誤りを認めたら直ちに訂正する。

第2章　海軍意思決定の失敗

誤った情勢判断

ハイコマンドに見る限界

日本海軍の「仕事術」や「リーダーシップ」は、当時の日本としてはかなり進んだ組織運営を可能にしたものでした。しかし、それほど立派なものだったのなら、なぜ無謀な対米戦争に踏み切り、国家を存亡の危機に追い込むことになったのでしょうか？

海軍式のリーダーシップは、現場レベルにおいては指揮官先頭で部隊をまとめ上げ、任務に邁進させるという点で優れていました。しかし、戦争全体の見通しを立て、政治や外交に目配りしつつ、戦略や作戦を組み立てる「ハイコマンド」、つまり経営層（トップリーダー）の領域ではいくつも疑問符がつきます。

海軍中央で戦争指導にあたった人々は、戦争をどのように終結させるかの見通しを持っていませんでした。富岡定俊軍令部第一（作戦）課長（海兵四五期）が言うように「ドイツも非常に勝っていることだし、バランスということもあるので、講和のキッカケはその間に出るだろう」と戦争を始めてしまったのです。

また、山本五十六長官が強い反対を押し切って敢行した真珠湾奇襲攻撃は、それまで日本海軍が着々と積み上げてきた艦隊決戦とは異なる、彼独自の対米作戦構想でした。

山本長官は、真珠湾攻撃を成功させたら、その後は、敵の痛いところを次々と衝いて敵の主力を誘い出して撃滅し、米国民の戦意を失わせ短期間で戦争を終わらそうと考えていました。しかし、この構想は海軍全体としては共有されず、軍令部（天皇直属の海軍の中央統括機関。海軍全体の作戦・指揮を統括）は、有利になった情勢をもとに長期持久態勢を作ろうとして、逆に次々と手を広げていったのです。

このようなちぐはぐな展開になった大きな原因は、山本長官率いる連合艦隊と軍令部の間で真珠湾攻撃以降の作戦構想が定まっていなかったからです。これが半年後のミッドウェー作戦の大敗につながったのですから極めて重大な問題だといえます。

最大の敗因は情勢判断の誤り

なぜ太平洋戦争に負けたのか？　科学技術力、工業生産力の差など要因はいろいろありますが、最大の敗因は情勢判断を誤って無謀な対米戦争を始めたことです。

情勢判断とは、問題に直面した時、①わが任務、②状況、③敵のとりうる方策、④我のとるべき方策を整理して、⑤最も起こる見込みの高い状況、⑥起こるかもしれない最も危険な状況を見積もり、⑦その対応方針を決心して、⑧具体的な処置を考えるというものです。

このような考え方の手順は、現在でも基本的に変わらず、意思決定の基本というべきものです。

海軍における「情勢判断」

昭和六、七年頃、米国駐在の横山一郎少佐（海兵四七期、のち少将）が、米国の小学校一年生の修身の時間を見学した時の話です。教室では、親に急ぎの用事を頼まれて使いに出た子供が、途中で足を怪我して泣いている小さな子供に出会った、どうしたらいいか――その判断と処置を教えていました。決まった答えに誘導するのではなく、「考え方」を教えていたのです。

横山少佐は、小学校一年の時から情勢判断と判断処置を考えさせるアメリカは、おそろしい国だと舌を巻いたといいます。

もちろん当時、日本の小学校ではこのような授業はありませんでした。海軍でも海軍大学校の学生になって初めて「情勢判断」について学びました。海軍大学校に入れるのはひとにぎりでしたから、海軍士官のほとんどはそんな考え方はしませんでした。

では、どのような判断をしていたか、吉田俊雄（海兵五九期）は『四人の連合艦隊司令長官』で次のように述べています。

日本海軍では、海軍大学校でしか情況判断のしかたを教えなかった。海軍大学校に入ったものは、平均一クラスの一割六分前後とされたから、少佐以上の八割強とそれ以下の将校の全員は、情況判断のしかたを知らず、ツメコミ型嵌《かたは》め教育で育てられて、自分自身で事態に直面し、判断し、処置することに慣れず、とかく直感的判断や希望的観測に陥りやすかった。

では、その一割六分前後の者はみな正しい情況判断ができたのかというと、それがすこぶるあやしいのである。（中略）太平洋戦争を有限戦争と見、無限戦争と考えなかったのもその人たちの判断だし、海軍は昭和の時代になっても作戦研究だけしていればよく、戦争研究はしないでよい、と考えたのも、エリート中のエリートたちであった。

吉田によると海軍のスタッフは、「時間をかけてジックリ判断する慎重型よりも、パッと単刀直入に結論をいう直感型が尊重された。指導部には、直感型でなければ恃《たの》むに足らず、という空気さえできていた」といいます。

さらに吉田はリーダーの意思決定のやり方について、「長官は『選択』によって意思決定するのでなく『イエス、ノー』をいうことによって決定するスタイルである。長官も参謀長もウンと頷くだけで事が決まる。『ノー』とは、ほとんどいわない」と述べています。このような意思決定のやり方は日本海軍の大きな欠点でした。

「前動続行」の弊害

伝統の功罪

良いものを伝統といい、悪いものは陋習《ろうしゅう》といいます。日本海軍の伝統は、長年にわたって環境や任務に適応して形作られた結果であり、「良いもの」であることは間違いありません。それは「仕事術」もしかりです。

伝統のおかげで、長い年月をかけて蓄積された知識、知恵を後輩たちは等しく活用でき、組織との世代を超えた一体感や安心感を得ることができます。難局に直面した際の大きな自信や心の支えともなったはずです。その一方で、それらを盲目的に継承したり、無批判に「良いもの」だと考えるようになると、さまざまな弊害が生じます。その代表的なものが「前動続行」です。

図上演習で想定として与えられる作戦状況や部隊行動を「動《どう》」といいます。「前動続行」とは、すでに与えられている想定を継続する（させる）ことをいい、一般の辞書にはない言葉です。

「前動続行」とは、過去の経験や伝承、先例を正しいものと捉え、その固定観念や先入観の正否に疑問を持つことなく、それに頼って思考したり行動することで、論理的思考や批判的思考とは無縁の意思決定といえます。

イギリス海軍の弟子

日本海軍は明治以来、イギリス海軍を師範として発達してきたため、軍艦の日課についても「軍艦例規《れいき》」としてイギリス流を伝統的な美風として取り込みました。

この「例規」は平時に艦隊の威容を整えるには適していましたが、戦時に艦の整備と戦力向上のための訓練を調和させることは考慮されていませんでした。日本海軍はその例規の日課表を無批判にルーティンとして鵜呑みにしたため、驚くべきことに戦時に敵に向かっている時でさえ甲板の手入れをしたり、せっかく密閉してある舷窓《げんそう》を開けて真鍮《しんちゅう》を磨いたりして、艦を失う原因になった戦例がありました。

「型破り指揮官」と呼ばれることもある黛治夫《まゆずみはるお》（海兵四七期）は、著書『海軍砲戦史談』で日本海軍の「欠点」をこう指摘しています。

ネルソン以来百年の平和を保ったイギリス海軍の弟子だけあって、（中略）昔のままのイギリス風の日課や慣習を、よい伝統と早のみこみして馬鹿の一つおぼえをしていたのである。（中略）軍艦の日課とか慣習とかは、新式の兵器や戦術、戦争方式の移り変わりにマッチさせるように考えるべきである。

一般社会でも「先生」の教えを鵜呑みにしたり、外国の思想や流行をそのまま受け入れてしまうことはありがちです。「自分の頭で考える」ことがおろそかになっていないか、無意識のうちに「前動続行」の傾向になっていないか、常に警戒すべきです。

「古来兵法の戒しむるところ」

日本海軍の戦い方にも「前動続行」の傾向は見られました。太平洋戦争における日本軍の戦術を研究した英米の戦術家のほとんどに共通した驚きは、四年近くも戦闘を経験しながら、その作戦要領にほとんど変革のあとが見られなかったことだといいます。

作戦における前動続行の例としては、ミッドウェー作戦が挙げられます。これは大成功したハワイ奇襲の六か月後に、ミッドウェー島の攻略や米空母部隊の誘出など、目的があいまいなまま行なわれた作戦で、歴史的な敗北を喫してしまったものです。

当初、大本営海軍部は連合艦隊のミッドウェー作戦案に反対しました。その理由の一つは「作戦はもとより不可能ではないが、ハワイ奇襲と同一方向から、しかも同じような要領の作戦を繰り返すことは古来兵法の戒《いま》しむるところ」というもの、つまり「前動続行」に対する危惧でしたが、結局大本営は連合艦隊の押しに屈し、大敗北を招きました。

ニミッツ元帥も「ミッドウェー作戦のような大作戦の計画にあたって、優勢な日本海軍は奇襲を必要としなかったにもかかわらず、ハワイ作戦と同一の思考型式を踏襲し、奇襲に依存するという『前動続行』の錯誤を犯し、逆に劣勢な米軍の奇襲に敗退した」と指摘しています。

伝統と伝承の違い

「古人のあとを求めず、古人の求めたるところを求めよ」という言葉があります。

高木惣吉《そうきち》少将（海兵四三期）は、太平洋戦争開戦までの日本海軍の米軍邀撃作戦計画は、山本権兵衛《ごんべえ》伯（海兵二期）や東郷元帥ら先覚者の「古人の求めたるところ」を求めたのではなく、「古人のあと」を求めたのであって、日露戦争の遺物（来航したバルチック艦隊を日本海海戦で撃破した）の伝承にすぎなかったのではないかと述べています。明治海軍の先覚者の求めたところは、「祖国を不敗の地位に置く」ことであり、昭和の海軍はその精神を受け継いでいなかったのではないかと指摘して、次のように警鐘を鳴らしています。

伝統と伝承とは違うものであります。形式等を伝えるのは伝統ではなく、伝承であります。人間の考え出したものはいかなる法則、理論といえども時世とともに変化するものであり、万物流転、諸行無常が天の摂理であります。（中略）伝統とは伝承ではなく、常に先人を乗り越えて創造することの連続でなければなりません。新しい創造は過去のすぐれた魂が中核でなければなりません。

「前動続行」から「独善」へ

覆った図上演習

伝統のもたらすもうひとつの弊害は「独善」です。「前動続行」は思考や行動の基準を新しい環境や相手との関係ではなく、先例や自分自身の経験に求めます。したがって、独善的な傾向になるのは当然で、組織ぐるみでそれを繰り返しているうちに一枚岩的な教条主義に陥りかねません。日本海軍が「一致団結、旧套墨守《きゅうとうぼくしゅ》」とか「伝統墨守、唯我独尊《ゆいがどくそん》」と揶揄されるのは、このことを指しています。

太平洋戦争の大きな転換点となったミッドウェー作戦における意思決定上の問題点を見てみましょう。この作戦は、準備に十分な時間がとれず、後述するように「雑」な作戦計画になりました。（八一頁参照）

日本海軍では、一般的に作戦計画そのものは大まかなもので、細部は計画を担当した司令部と、現場部隊との打ち合わせで詰めることはよくあることでした。そのような打ち合わせの一環として、大きな作戦では図上演習という形で、実際の作戦担当者による具体的な検討が行なわれました。

ミッドウェー作戦では、連合艦隊の旗艦、戦艦「大和」において四日間行なわれました。その時の出来事を吉田俊雄は『四人の連合艦隊司令長官』の中で、次のように描いています。

青軍（筆者注、日本軍）機動部隊がミッドウェー空襲をかけている最中に、赤軍（筆者注、米軍）空母部隊が突っかけてきて、赤城と加賀が沈没、と判定されようとした。そのとき、統監であった宇垣参謀長が待ったをかけた。

「いまの爆弾の威力を三分の一に減らす」

このツルの一声で、沈没するはずの赤城は助かったが、それでも加賀は助からなかった。しかし、ミッドウェーがすんでフィジー、サモア（筆者注、作戦）にかかったときには、いつの間にか沈んだはずの加賀が浮かび上がって南雲部隊に加わり、走りまわっていた。

「われわれも相当心臓が強いつもりだが、宇垣参謀長には参ったな。ありゃ人間離れしとる」

向こう意気の強い、飛行機乗りのベテランさえ呆れていた。が、宇垣は動ずる気配もなかった。

「そうならないように注意するから、心配ない——」

このように描いた吉田は、「尊大」といわれた宇垣纏《うがきまとめ》（海兵四〇期）の性格が、そのままあらわれたようであったと結んでいます。

この参謀長の措置は、敗北を予想させるような図上演習の結果が作戦関係者の自信喪失につながることを懸念したのだと思われます。しかし、この図上演習で予言された日本空母二隻の喪失が、実際には四隻もの喪失となりました。演習の結果を謙虚に受け止めて問題点の対策をとっていればと惜しまれます。宇垣参謀長の「独善」が作戦見直しの機会を奪ったのです。

成功体験の絶対視

大艦巨砲主義・艦隊決戦主義の登場

日本海海戦（一九〇五年）で日本海軍はロシアのバルチック艦隊に完勝しました。国家の命運のかかった大海戦に勝利したことで、この成功体験が絶対視されるようになります。戦艦どうしの大砲の撃ち合いにより決戦するという、大艦巨砲主義、艦隊決戦主義の登場です。

この考え方をもとに作られた『海戦要務令』は、次第に日本海軍の作戦思想を規定するようになり、そこに書かれた奇襲、艦隊決戦、短期決戦などの考え方は日本海軍の「伝統」となりました。単なる前動続行や独善と異なり、日本海軍ではそれがドクトリン（軍の行動を規定する基本的な原則）として徹底されたのです。

海戦の様相が大きく変化するなか、『海戦要務令』は終戦までに何度か改訂されましたが、基本的な考え方は変わらず硬直化が進みました。

この要務令のもとを作ったのが、日本海海戦時の参謀であった秋山真之《さねゆき》少佐（海兵一七期、のち中将）です。秋山は「海戦要務令が虎の巻として扱われている」と要務令が硬直化し、急速に進歩する兵器、戦術、作戦に対応できていないことを嘆きました。

硬直化した『海戦要務令』

海軍大学校学生時代の高木惣吉の話です。

高木は教官にこう質問しました。「海軍は『攻撃は最良の防御』ということをモットーにして、兵装と高速に艦艇の容積を惜しまず使い、居住性と防御を犠牲にして七ツ道具を積んでいますが、攻守は楯の両面で、実際は区別すべきでないと考える。英海軍もジュットランド海戦（一九一六年）後、その艤装《ぎそう》（筆者注、船体に各種の機器を装備すること）方針が変わったと聞きます。居住性と防御力について反省の余地はありませんか？」

すると、教官の表情が急にけわしくなって、「海戦要務令をもう一度読み直せ、君の議論は趙括《ちょうかつ》の兵法（筆者注、兵法を丸暗記しただけの机上の論）だ！」と一喝されたといいます。丸暗記の兵法は一体どちらだったのかと言いたくなるエピソードです。

一方、同じ海軍大学校教官でも、小沢治三郎《じさぶろう》大佐（海兵三七期、のち中将）は違いました。小沢は「諸君は本校在学中は、海戦要務令なんか一切読むな。こんな書物に捉われず、独創的な戦術を開発しろ」と学生を指導しました。残念ながらこのような教官は少数派で、『海戦要務令』墨守の姿勢を変えるには至りませんでした。

行き過ぎた「精神至上主義」

軍人勅諭の「誠」

組織によっては、その独特の価値観や行動の指針を示すために明文化された精神的規範を持つことがあります。この規範は、組織の意識を統一し、任務に邁進するための精神的支柱となる限りは「良いもの」です。しかし、行き過ぎると「精神至上主義」に傾いてしまいます。

一八八二年、明治天皇は陸海軍の軍人に対し「軍人勅諭《ちょくゆ》」を示しました。それは「忠節・礼儀・武勇・信義・質素」の徳目を説き、これらを誠心をもって遵守実行せよとした最高の精神的規範でした。

源田實（海兵五二期）は、『海軍航空隊始末記―發進篇』で海軍大学校在学中の統帥の教官との問答をこう振り返っています。

「君は御勅諭に示されている誠を持っているのか」
「はい、私もいささかながら誠心を持っています」
「君は、御勅諭の『心だに誠あらば何事もなるものぞかし』の御言葉を肯定するか」

「肯定いたします」

「然《しか》らば尋ねるが、拙者が今、この机の上に立てている白墨を、君はその位置から倒して見よ」

「それは無茶です、教官。御勅諭の誠は、そういう意味のものではありません」

「そうか、然らば御勅諭の誠は、無限の力を意味しているものではなく、力に限界があることになる。明治天皇の申された『心だに誠あらば何事もなるものぞかし』ということは、一種の景気づけの言葉と解してよいか」

「いや、景気づけではありません」

「景気づけでなければ、この白墨が倒せる筈だ」


昭和一一年頃の話ですが、海軍にも合理的な思考をする教官がいたということです。しかし、これも『海戦要務令』と同じく大勢を変えるには至りませんでした。精神至上主義的な傾向は、強まりこそすれ弱まることはなかったのです。

「連合艦隊解散の辞」

海軍は、合理主義と柔軟性を重視していました。しかし、太平洋戦争の末期ともなると精神至上主義へ傾斜し、合理性、柔軟性とは相容れない判断が見られるようになりました。これには「軍人勅諭」をはじめとして、多くの要因が関係しています。その一つに、一九〇五（明治三八）年の「連合艦隊解散の辞」がありました。

「連合艦隊解散の辞」とは、日露戦争終結後の凱旋《がいせん》観艦式において戦時編制になっていた連合艦隊を解散するにあたっての東郷平八郎司令長官の訓示であり、参謀であった秋山真之中佐が起案したものです。「勝って兜の緒を締めよ」という結びの言葉で有名です。

山本権兵衛海軍大臣は「戦争というものは、第一に精密な数字上の作戦にもとづかなければならない。天佑《てんゆう》と精神のみで勝てるという印象をあたえては、将来の国防をあやまるかもしれない」として、秋山が起案した「美文」を喜びませんでした。

しかし、訓示の二年後の一九〇七（明治四〇）年には、海軍教育本部から海軍の諸学校に対し、海軍記念日（五月二七日：日本海海戦戦勝を記念）における精神教育において、明治天皇の勅語の奉読に加えて東郷司令長官の「連合艦隊解散の辞」を朗読するよう通達が出されました。この頃から東郷元帥は、「生き神様」のように海軍一般では考えられるようになり、その訓示は侵すべからざる聖典であるかのように崇《あが》められました。

このような精神教育との関連で起きた海軍兵学校での出来事です。

一九二九（昭和四）年のこと、教官が国語の教材として「連合艦隊解散の辞」を取り上げた。すると、ある生徒が「百発百中の一砲、よく百発一中の敵砲百門に対抗しうる」というが、彼我の命中比が一対一／百、その砲数比が一対百の時、彼我の全砲が同時に敵砲を目標として射撃した場合、双方とも一門ずつ破壊され味方に砲がなくなった時、敵にはまだ九九門残っている計算となるのではないかとの疑問をもった。

生徒は、教官に対してこの非合理をどう理解すればよいかと質問したところ「そんなことは、どうでもいいのだ」と、苦い顔ですげない返事をされた。後日、別の教官から呼び出しを受けた生徒は「お前は軍人らしくないと教官たちの間で評判になっているから気をつけろ」という注意まで受けてしまった。

この生徒が教官の間で不評だったのは、昭和に入り、海軍兵学校の教官たちまでも「解散の辞」を侵すべからざるものと考えていたからでしょう。この例に見るように、「連合艦隊解散の辞」は、後々まで日本海軍の軍人思想に影響したところが大きかったといわれています。実松譲《さねまつゆずる》（海兵五一期）は『海軍を斬る』でこう述べています。

こうした（筆者注、山本）権兵衛大臣の慧眼《けいがん》（筆者注、本質を見抜く優れた眼力）、よく将来を洞察して戒めたにもかかわらず、（中略）時の経過とともに、精神至上主義のほうに傾斜してきたように思われる。大胆な推測を許されるならば、明治末期から徐々に、そして大正時代となるや、ようやく精神至上主義が兆しだし、さらに昭和になって定着するにいたった、といえないだろうか。

合理主義と精神主義の葛藤

実松が指摘するように、日本海軍の合理主義は時とともに精神至上主義に蝕まれていきました。一方で、海軍は、海という大自然を克服し、国力においてはるかに勝り、日々強大化する米軍と戦わなければなりませんでした。これは精神を奮い立たせないと、とても対峙できる状況ではなかったといえます。これは精神論だけではいかんともしがたい、科学と物質世界の問題でもありました。

おそらく日本海軍は、相当な葛藤を味わったものと思います。海軍主計少尉だった曾村保信(短期現役一二期、のち東京理科大学教授)は当時の状況を次のように述懐しています。

私が入った戦争末期の海軍は、たしかに相当精神的に堕落していた。これは、自ら愚行と知りつつ、半分ヤケクソでやっていたのだから無理もないかもしれない。連合艦隊の空母が総出でやったマリアナ沖の「ア号作戦」(筆者注、一九四四年五月)などは、下士官兵の間で「アホー」作戦と呼ばれていた。そんな雰囲気だった。

情報の軽視

「なんだ、あいつの言うことか」

実松は、開戦時には海軍武官補佐官としてワシントンに駐在していました。開戦の翌年、交換船で帰国した実松は、米国の実情について富岡定俊軍令部第一課長に報告します。米国の戦力を過小評価していた富岡は、いくらかのやり取りのあと、自身の情勢判断とあまりに違うことから、「キミなんか、長いことアメリカにいたので、アチラのことがよく見えるんだヨ」という捨て台詞を残して立ち去りました。

「これが軍令部作戦課長の言葉だろうか。だが、こうした腰だめ（筆者注、銃を腰に当て狙いを定めずに撃つこと、転じて大体の見当で物事を行なうこと）は、ひとり富岡だけではなかった。もはや、なにをか言わん」。実松は唖然としてしまったのでした。

吉田俊雄は、日本海軍の情報に対する姿勢についてこう批判します。

「よそから、たとえば軍令部などから入る情報は信用しても、自分のところで捉えた情報は信用しない――というのが、事大主義、自信過剰のエリートの常であった」

これは、終戦期、スイス武官の藤村義朗海軍中佐（海兵五五期）が、米国のダレス機関と連絡がとれ、講和の道が開かれようとした時、軍令部総長だった豊田副武《そえむ》大将（海兵三三期）が言った言葉と似ています。

「なんだ、中佐か。若僧ではないか。信用ならん。アメリカにだまされとるんだ」

小が大に、弱が強に付き従うべきという事大主義なのか、自分に都合のよい情報は受け入れても違うものは排除するという「追認バイアス」（一三六頁参照）なのか。いずれにせよこのような情報の活用における偏りは、情報の軽視ということに加えて海軍の大きな欠点でした。

タイミングよく現れる敵

このような情報の軽視や活用の偏りに加えて、暗号が破られていたことも付け加えなければなりません。当時の日本海軍は戦場にタイミングよく敵が現れても「おかしいぞ、なぜ敵が出てきたのだろう。暗号が破られているのではないか」というふうには考えませんでした。疑問を呈するリーダーがいないわけではありませんでした。しかし、海軍は暗号の強度に絶対的な自信を持っていました。また、作戦前の敵の行動に関する情報の分析が徹底してなかったことが、敵の「タイムリーな」出現の理由を突き詰めて疑う姿勢を弱めてしまいました。

驚くべきことに、開戦半年後のミッドウェー作戦の頃には、米海軍は暗号解読で、日本海軍の艦長と同程度に作戦の内容を知っていたといわれています。

暗号漏れの問題は、意思決定とは直接関係ないように見えますが、日本海軍の暗号に対する自信は、第4章で触れる「レッドチーム」や「悪魔の代弁者」などの批判的思考ができていたら、見直された可能性があります。

また、敵に関する情報の分析が徹底していなかったことも、第3章で紹介する現在の作戦計画手法である「JOPP（ジョップ）」を使っていたら違う結果になっていたでしょう。このように論理的思考や批判的思考ができなかったことは、日本海軍の大きな欠点でした。

希望的観測の弊害

「敵艦隊は出てこないだろう」

ミッドウェー作戦の主力となった南雲忠一《なぐもちゅういち》第一航空艦隊司令長官（海兵三六期）率いる機動部隊は、内地を出撃する直前に、「敵艦隊は出てこないだろう。奇襲は成功しよう。敵がもし出てきても、攻略が終わってからだろう」という情報を得ていました。彼らはこの「希望的観測」をそのまま信じて、運命の大敗を喫する六月五日を迎えました。

それまでに、東京からは敵の緊急信が増えていることや、敵の動きが活発になっていると知らせてきていました。しかし、南雲司令部ではそれがなにを意味しているのか判断できませんでした。信じられないことですが、それだけ情報を軽視し、緒戦の真珠湾攻撃の「大勝」で驕《おご》りが生じて警戒を怠っていたのです。

真珠湾攻撃から帰還したあと、山本長官は、「真の戦はこれからである。この奇襲の一戦に心驕るようでは、ほんとうの強兵とはいいがたい。勝って兜の緒を締めよとはまさにこの時である。今後一層の戒心を望む」と部下たちの気を引き締めました。

しかし、信頼している参謀たちが自信過剰と敵の下算《かさん》で情勢判断を間違っていたのでは、うまくいくはずはありません。

情勢判断を間違っていたのは、参謀たちだけではありませんでした。前進部隊の近藤信竹《のぶたけ》第二艦隊司令長官（海兵三五期）が、山本長官に直接、「どう考えてもこの作戦は危険です。盲目の日本が目明きの米国にいくさをしかけるのとおなじだから、これはやめるべきです」と意見具申をしました。これに対して、山本は、「奇襲戦法でいけば、ムザムザやられることもあるまい」と、困ったような顔をしただけでした。

また、「こんどは、大物はいないだろう」と洩らしたように、山本が心配していたのは、ミッドウェーでの連合艦隊の大挙出動が、敵が出てこないため「カラ振り」になることでした。敵艦隊が待ち伏せしているのではないかなどとは、考えない道理です。

南雲艦隊のはるか後方を進む連合艦隊の旗艦「大和」で、米空母らしきものがミッドウェーの北方にいることを捉えたのは、運命の日の前夜、四日の夜でした。出撃前の楽観的判断を覆し、南雲部隊に注意を促す絶好の機会です。山本長官はすぐに、「赤城に知らせてはどうか」と参謀に注意しました。しかし、隠密行動のための電波封止をしていたことや、南雲長官の乗った空母「赤城」でも受信しているだろうと希望的に判断して、電報を打つことはありませんでした。

南雲機動部隊がこの重要な情報を得ていれば、警戒を強めることができ、海戦の結果は変わっていた可能性があり悔やまれます。

不成功の場合は書かない

日本海軍は、リスクを管理し、不測の事態への対応を用意しておこうとする着想が薄かったといわれています。計画は成功することを前提として書かれ、不測の事態が発生した時の対策、リスクをどう回避、無害化するかについては、触れていないことが多かったのです。

戦争を通じてリスク管理と不測事態対応の失敗は、幾度となく繰り返されました。

一九四二年秋のガダルカナル攻防戦は、太平洋戦争のピークといってよい戦いでした。この時の作戦計画にも不測事態時の対策が書かれておらず、このことを山本長官から指摘された宇垣参謀長は、日記にこう綴っています。

今次の作戦は連合艦隊の大部《たいぶ》を以てし、しかも陸軍の本腰によるもの多少の曲折あらんも必ず成功を遂げざれば申し訳なし。これがために作戦計画に不成功の場合を記註せざりしなり。

成功しなければ申し訳ないから、不成功の場合を書かなかったという論理です。吉田俊雄も、「いかにも彼らしい」と皮肉を込めて批判していますが、連合艦隊中枢の判断とは信じられない話です。

スタッフ組織の欠陥

「長老制」司令部

軍艦での「分」を尊重する海軍式のチームワークについては第1章で述べましたが、スタッフ組織ではどうだったのでしょうか。海軍の代表的なスタッフ組織である艦隊司令部を取り上げます。

司令部では、一般的に先任参謀（大佐）が、要《かなめ》にあたる最も重要な役割をもっていました。参謀長は少将でチェック役、長官は中将か大将で、だいたい「ウン」と頷いて採用します。したがって、先任参謀のアタマで艦隊が動くといって過言ではなく、いわば「長老制」とでもいえるような体制でした。

この典型的な例が、真珠湾攻撃を敢行した南雲長官率いる機動部隊司令部です。この艦隊は、「南雲艦隊」といわずに「源田艦隊」と陰口を叩かれていました。源田実航空参謀の進言に長官も参謀長も「ウン」と頷いて、そのまま南雲長官の名で命令が出されたからです。また、「(南雲)長官は一言もいわぬ。(草鹿)参謀長、(大石)先任参謀など、どちらがどちらか知らぬが、億劫屋揃《おっくう》いだ」とも評されていました。参謀からはこうも言われていました。

この人(筆者注、南雲)は、幕僚の進言を非常によく容《い》れる人であったと思う。いつでも自分の起案した命令案がすらすら通って了《しま》う。(中略)自分の判断一つで、直ちに国運が左右されるかも知れない影響を及ぼすと考えると、重大な責任感に圧迫されて、自然と委縮してくる。これが大西瀧治郎少将や山口多聞《たもん》少将あたりが上にいて呉れると、必ずチェックして凡《あら》ゆる角度から叩き直して突ッ返してくる。そうなるとこちらも安心して、自由奔放な作戦構想も練れるというもんだが。

指揮官として、有能なスタッフの能力を発揮させるため、任せるべきことは信頼して委ねることはいうまでもありません。しかし、それが放任や全面的依存になっては、かえってスタッフは委縮してしまうということです。

「人間関係」司令部

もう一つのタイプは、長官、参謀長、先任参謀などの力量により、あるいは微妙な人間関係によって司令部内の力関係が決まる「人間関係」司令部です。

山本長官の連合艦隊司令部がこのタイプでした。この司令部では、山本長官の方針が長官の特別の信頼を受けている黒島亀人《かめと》先任参謀（海兵四四期）に直接伝えられ、宇垣参謀長は浮いていました。

その宇垣参謀長は、前述したように強気の独善居士《どくぜんこじ》で、山本長官だから抑えることができたともいわれる人物です。宇垣参謀長は、黒島参謀が考案する作戦には文句大《おお》ありながら、黒島は長官のお気に入りなので、カッカしつつ見ているといった格好でした。

このように特定の参謀のみを重用《じょうよう》し、本来の参謀長の役割が発揮されなかったことは、大作戦を指揮する司令部の体制としては重大な欠陥を抱えていました。

山本長官のラバウルでの突然の戦死のあと、連合艦隊司令長官を継いだ古賀峯一《こがみねいち》（海兵三四期）は就任に際して、参謀長を交代させ有能な福留繁参謀長（海兵四〇期）の配置を求めました。この要望はかなえられたのですが、今度は司令部内で参謀長の占めるウェイトが非常に大きくなり、もっぱら参謀長が作戦指導にあたり、古賀長官は、ともすると蚊帳《かや》の外におかれたような格好になりました。

「いくさはどうなっているのかね?」

将棋の腕前が古賀長官と同じくらいで、長官に呼び出されて夜寝る前に一局対戦していた司令部の後任の参謀が、将棋の合間に長官にそう聞かれて、びっくりしたそうです。その後、この参謀は、将棋に呼ばれるたびに長官に戦況の「御進講」をして、長官からたいそう感謝されたといいますから驚きです。

「じゃ、頼まん。他の艦隊にやらせる」

このように司令部ごとのスタイルはさまざまですが、これが実質的な作戦の遂行に悪影響を与えるようになると問題です。太平洋戦争中の四人の連合艦隊司令長官は皆、人の好き嫌いがハッキリしていました。なかでも山本長官は、黒島先任参謀をはじめとする特定の参謀を重用する傾向が強かったといいます。真珠湾攻撃後、戦争の転換点となる運命のミッドウェー作戦前の話です。

山本長官のギャンブル好きは有名ですが、毎夜の幕僚との将棋が山本司令部内に「将棋的発想」を発生させました。緒戦の真珠湾攻撃での「大戦果」で、山本長官には、名将、英雄、聖将など、ずいぶん「肩書」がふえていました。山本長官の腕が抜群なので、将棋の相手をしている幕僚は、自然に将棋のうまい特定の参謀らに絞られていました。「名将」と将棋を指す彼らが一種の特権意識をもち、「五尺の身体が一間《けん》にも二間にもふくらんだ気持ち」になったのです。

「完全勝利をすると、兵が驕ってダメになる」といわれています。論理的思考を重ねて周到な作戦を考えなければならない最高指揮官のブレーンたちをとりまく環境としては、危険な状態でした。

当時検討されていたミッドウェー作戦には、やむを得ないこととはいえ、作戦運用的にも準備のための時間的にも無理がありました。ところが、毎夜の将棋がなんとなく特定の幕僚たちを勉強不足にし、それを埋める手段のようにして押しの強い人間にする傾向が生じました。

ミッドウェー作戦の「雑」な部分を担当幕僚たちは、この押しの強さと勉強不足とで押しまくりました。もっともな疑問を呈する艦隊の幕僚に「じゃ、頼まん。他の艦隊にやらせる」と立ち上がりドアをバアンと閉めて出て行く、そんな後から考えると正気の沙汰とは思えないくらいラフな作戦準備が、連合艦隊で急がれていったのです。

日本海軍では、スタッフはあくまでも指揮官を補佐するものとされ、その指揮権に干渉したり介入することは戒められており、それが美点ともされてきました。しかし、これでは完全に逸脱しています。大敗を喫するミッドウェー作戦には敗因につながるさまざまな落ち度があったのですが、計画作業の中枢でこのようなことが起きていたのではまともな作戦は望むべくもありません。

「どうぞご勝手におやりください」

このような幕僚の不勉強や独走の問題が生じた一方、連合艦隊司令部と軍令部作戦課の間でも次の作戦方針がかみ合わず、連合艦隊の考えるミッドウェー作戦をめぐって深刻な溝が生じていました。

真珠湾攻撃の時、山本長官から「これが採用されなければ辞職すると伝えよ」と言われ、驚いた軍令部が「政治的判断」で作戦を採用したという前例がありました。これにならってミッドウェーを担当した参謀もブラフ（はったり）をかけましたが、今度は軍令部は動きませんでした。

とはいえ、軍令部の大反対を押し切り、トップが「政治的判断」で採用した真珠湾攻撃が、参謀の心配をよそに大成功を収めていました。山本長官の着想と力量についての評価は、真珠湾以前とは圧倒的に違っていたため、軍令部のトップの立場は微妙でした。

「山本長官が自信があるとおっしゃるのなら、長官におまかせしましょう」

またもやトップの「政治的決断」で採用が決まったのですが、軍令部作戦課の参謀たちは当然、猛烈に怒りました。

「作戦課の頭ごしに連合艦隊が作戦をおやりになるのだったら、どうぞご勝手におやりくださ い」

国運をかけた大戦争を二人三脚で戦うべき両者が、このような話にもならない状態となったのですが、これをミッドウェー作戦の大敗により元に戻してくれたのは、敵将のハルゼー中将だったのですから泣くに泣けない話です。

フィードバックの欠如

失敗を次の作戦に活かせなかった

日本海軍では、作戦が終わると、以後の作戦に反映させるべき教訓を得るために「作戦戦訓研究会」を開くことになっていました。ところが、壊滅的な敗北となったミッドウェー作戦については開かれませんでした。担当であった黒島先任参謀は、戦後こう語っています。

本来ならば、関係者を集めて研究会をやるべきだったが、これを行わなかったのは、突っつけば穴だらけであるし、みな十分反省していることでもあり、その非を十分認めているので、いまさら突っついて屍《しかばね》に鞭打つ必要がないと考えたからだった、と記憶する。

太平洋戦争は、ミッドウェー作戦の大敗後も二年以上続き、あのような大失敗から学ぶべきことは多かったはずです。研究会は是非とも行なわれ、その後の作戦に反映されるべきでした。それが日本海軍の合理主義というものだったはずです。

ちなみに、連合艦隊司令部は研究会を行なわなかった代わりに、参謀に命じて戦訓調査を行ないました。しかし、その報告書は六部しか印刷されず配布先を局限したので、戦訓が部隊で共有されることはありませんでした。ミッドウェー作戦の敗北は、それほど大きな衝撃を海軍に与えたということでしょうが、大本営発表でもひたすら真相を隠したことから、その危機感は国民にはもちろん、陸軍や軍需産業にも伝わらず、資源の融通や増産といった対策をとることを難しくさせ、海軍をさらに苦しい立場に置くことになりました。

このように日本軍は、戦訓を次の作戦に活かすことが苦手でした。米軍が戦訓を組織的に活用し、新しいドクトリンを開発したのに対して、日本海軍は海軍大学校において部門ごとに研究したのみで、総合的な研究はなされませんでした。

千早正隆（海兵五八期）は『日本海軍の戦略発想』でこう指摘しています。

航空戦術、砲戦術、水雷戦術、潜水艦戦術等に分かれて、それぞれの部門の研究をしたが、それを総合しての作戦の研究というものはほとんどなかった。学生のなかにはそれまでの作戦、海戦に参加した者が少なくなかったが、それらの体験者の貴重な戦訓を中心とした、ミッドウェー、ガダルカナルあるいはアッツ島沖等の失敗の原因を徹底的に研究するということも、ほとんど行われなかった。

不問にされた作戦指揮の失敗

海軍は公正な人事評価制度を持っていたといわれていますが、作戦指揮の失敗については多くの場合、うやむやにされ、厳正な処置をとりませんでした。これは「指揮官先頭」のリーダーシップを発揮して奮戦した指揮官が多かった一方で、不適任者を除くことができなかったという日本海軍の大きな問題点でした。

大敗したミッドウェー作戦後、「大失策を演じ、おめおめ生きて帰れる身ではありませんが、ただ復讐の一念に駆られて生還しました。どうか、仇討ちできるよう、取り計らってください」という南雲部隊の草鹿龍之介参謀長（海兵四一期）の懇請を山本長官は受け容れています。

これは山本の「どんなことでも部下の失敗は長官が責めを負うべきものだ。下手なところがあったら、もう一度使え。かならず立派になしとげるだろう」という考えから出ています。指揮官の南雲長官やその部下の草鹿参謀長の責任が問われなかったばかりか、「仇討ち」として次の作戦にも参加させています。

柱島泊地に帰還した旗艦「大和」を嶋田繁太郎《しげたろう》海相（海兵三二期）が訪ねた時のやり取りです。

挨拶に行った宇垣参謀長は、坊主刈りにして神妙だった。嶋田が愛想よく言った。
「いろいろ苦心御苦労です」
「先般は拙いことをやりまして御心配をかけ相済みません」
「いやいや何でもない」

連合艦隊虎の子の空母六隻のうち四隻と多数の熟練パイロットと航空機を失った歴史的敗北後のやり取りとはとても思えません。このような作戦の失敗や後に起こる機密文書の紛失事件の責任が不問に付されることは、山本長官以後の連合艦隊司令長官のもとでも同様でした。海軍として問題点を修正し、不適格な指揮官や参謀を交代させる機会をみすみす失っていたといえます。

一方の米海軍においては、キング作戦部長のもと、実際の戦闘を通じてのみ指揮官の適格性の判別が可能とし、各戦闘の経過を仔細に検討して闘志不十分、判断や部隊運用が不適切なものに対して極めて厳しい人事措置がとられました。

このやり方は一部に不平不満を生じさせたといわれますが、不適格者の排除には成功しています。三年八か月に及んだ太平洋戦争で、米軍が勝利したのはそれなりの理由があったといえます。

「空気」という妖怪

日米開戦の流れを決めたもの

昭和の海軍で精神至上主義が蔓延したことは述べましたが、いくらかの合理主義を保った人々もいました。しかし、最終的にこれらの人々をからめとり、多数派の方へなびかせたものの、それが「空気」でした。

昭和一六年四月、国家総力戦についての基本的研究と総力戦実施のための人材養成のために「総力戦研究所」という内閣直轄の機関が作られました。平均年齢三三歳の若きエリート三五人が集められ、「日米が戦ったらどのような結果になるか」というテーマが与えられました。八月に結論が出ました。「一二月中旬、奇襲作戦を敢行し、成功しても緒戦の勝利は見込まれるが、しかし、物量において劣勢な日本の勝機はない。戦争は長期戦になり、終局ソ連参戦を迎え、日本は敗れる。だから日米開戦はなんとしても避けねばならない」という結論が出て、当時の近衛内閣、閣僚の前でその結果が発表されました。それを聞いた東條陸軍大臣の発言です。

日露戦争でわが大日本帝国は、勝てるとは思わなかった。しかし、勝ったのであります。（中略）戦というものは、計画通りにいかない。意外裡《ママ》なことが勝利につながっていく。したがって、君たちの考えていることは、机上の空論とはいわないとしても、あくまでも、その意外裡《ママ》の要素というものをば考慮したものではないのであります。なお、この机上演習の経過を、諸君は軽はずみに口外してはならぬということであります ッ。

この東條の「狼狽《ろうばい》」について、演習参加者の一人はこう「解説」しています。

「東條さんの考えている実際の戦況は、われわれの演習と相当近いものだったんじゃないのか。じゃなければ〝口外するな〟なんていわんよ」

このように「総力戦研究所」による適確な分析が内閣でなされていたにもかかわらず、なぜ日米開戦となったのでしょうか？

最高意思決定機関であった大本営・政府連絡会議では、一連の会議で開戦となった場合の石油の需給見通しが大きな注目点になっており、さまざまな試算がなされました。

最終的には一一月五日の御前会議で、企画院総裁の鈴木貞一《ていいち》が、南方油田を占領すれば戦争三年目においても七〇万トンの石油が残る、すなわち「戦争遂行能力あり」との見積もりを示し、日米開戦の流れを決定づけました。晩年の鈴木は、御前会議での報告をこう回想しています。

僕は腹のなかでは、アメリカと戦争をやって勝てるとは思っていなかったから、とても憂鬱な気持ちで読み上げましたよ。（中略）海軍は自分がやるんだから、最終的な決断は海軍がすべきだったんだ。ところが海軍は、できないとはっきりいわんのだ。（中略）企画院はただデータを出して、物的資源はこのような状態になっている、あとは陸海軍の判断に任す、というわけで、（中略）みんなが判断できるようにデータを出しただけなんだ。（中略）海軍は一年たてば石油がなくなるので戦はできなくなるが、いまのうちなら勝てる、とほのめかすんだな。だったらいまやるのも仕方ない、とみんなが思い始めていた。そういうムードで企画院に資料を出せ、というわけなんだな。

鈴木のいう「ムード」こそ、山本七平著『「空気」の研究』にいう「空気」だったといえます。猪瀬直樹は『昭和16年夏の敗戦』において、「全員一致という儀式をとり行うにあたり、その道具が求められていたにすぎない。決断の内容より、〝全員一致〟のほうが大切だったとみるほかなく、これがいま欧米で注目されている日本的意思決定システムの内実であることを忘れてはならない」と指摘してします。

これは、開戦を決める場での「空気」の話ですが、日本海軍のさまざまな場面で同じような「空気」が作用したことは想像に難くありません。

「空気」が決めた「大和」特攻作戦

戦争末期の沖縄戦で戦艦「大和」の特攻作戦が決行されました。しかし、突入の目的を達成できなかったばかりか、神風特別攻撃隊の戦死者をはるかに上回る、三七二一人もの戦死者を出し惨憺《さんたん》たる敗北に終わります。失敗の原因は航空兵力の不足、行動の自由のない作戦計画などいろいろありました。ここではなぜこの作戦が行なわれるに至ったか、その意思決定上の問題点を見てみます。

「戦艦大和特攻作戦」は、神重徳《かみしげのり》首席参謀（海兵四八期）が主張したものを、豊田連合艦隊司令長官が決裁したものです。豊田長官の回想です。

私は成功率は五〇パーセントはないだろう、五分五分の勝負は難しい、成功の算絶無だとは勿論考えないが、うまく行ったら奇蹟だ、という位に判断したのだけれども、急迫した当時の戦局において、まだ働けるものを使わずに残しておき、現地における将兵を見殺しにするということは、どうしても忍び得ない。かといって勝目のない作戦をして、追っ掛けに大きな犠牲を払うことも大変苦痛だ。しかし多少でも成功の算があれば、できることはなんでもしなければならぬ、という心持で決断したのだが、この決心をするには、私としてはずいぶん苦しい思いをしたものだった。

豊田長官の決裁を受けた神参謀は軍令部との調整に出向きます。軍令部では富岡作戦部長には反対されたものの、小沢軍令部次長は、「連合艦隊司令長官がそうしたいという決意ならよかろう」と了解を与えました。及川古志郎《おいかわこしろう》軍令部総長（海兵三一期）は黙ってそれを聞いていたといいます。「燃料は片道でもよい」というとんでもないことが、富岡作戦部長の知らない間に、小沢次長のところで承知されたともいわれています。小沢次長は、「全般の空気よりして、その当時もいまも当然と思う。多少の成算はあった」と回想しています。

確かに連合艦隊での決裁、軍令部による承認の手続きを踏んだ形にはなっています。しかし、「空気」が支配するなかの曖昧かつ消極的な合意による意思決定でした。

一億総特攻の先駆け

連合艦隊が計画し、軍令部が承認した大和特攻作戦を、作戦を直接指揮する伊藤整一第二艦隊司令長官（海兵三九期）に対して説明すると強い反対に遭いました。説明に行った草鹿参謀長が、伊藤長官がどうしても納得しないので言葉に詰まり、「一億総特攻の先駆けになっていただきたい」と言うと、それまで理詰めで反対していた伊藤長官が一転、「わかった。心配しないでくれ」と了解したのです。

なぜ伊藤長官は了解したのでしょうか。

戦艦「大和」を、沖縄本島に米軍が本格的に上陸を開始した時点で突入させることができ、敵の水上部隊や輸送船団への攻撃に活用できれば、内地で「浮砲台《うきほうだい》（燃料がないため港内に停泊して砲撃する）」とするより有意義と考えられ、このことが作戦の目的とされていました。

計画された「大和」の行動はこの作戦目的に合ったものでした。しかし、航空兵力が不足して護衛をつけられないため作戦成功の可能性は極めて低く、失敗の場合には海軍の水上部隊はほぼ全滅します。これでは論理的な伊藤長官が納得しないのは当然です。

しかし、「一億総特攻の先駆け」ということが目的になれば話は違ってきます。突入に成功することが必ずしも必要とされず、たとえ失敗しても突入を試みたということが重視されます。

このように本質的な作戦目的は別のところにあるということを「悟った」ことが、伊藤長官が了解した理由でしょう。

しかし、「一億総特攻」などということはできるはずのないことであり、このようなことを目的とすることは、作戦指導のレベルを超えた国家レベルの戦争指導のありかたの問題として考えるべきでした。

いずれにせよ、この作戦実施の意思決定は、敗戦が濃厚となるなか、航空特攻の一方で水上部隊は何もしないのか、卑怯者とみられるのではないか、海軍の象徴であった「大和」が敵の手に落ちたら見世物にされるのではないかなどの考えが、合理的な意思決定を拒みました。

山本七平はこの時の「空気」をこう論じています。

「空気」とはまことに大きな絶対権をもった妖怪である。一種の「超能力」かも知れない。何しろ、専門家ぞろいの海軍の首脳に、「作戦として形をなさない」ことが「明白な事実」であることを、強行させ、後になると、その最高責任者が、なぜそれを行なったかを一言も説明できないような状態に落し込んでしまうのだから、スプーンが曲がる（筆者注、一九七四年に来日したユリ・ゲラーがスプーンを曲げ「超能力」ブームを巻き起こした）の比ではない。

豊田長官が、特攻隊出撃にあたり次のような美辞麗句を使って訓示していますが、非合理的な決断を正当化するためのようにも感じられます。

ここに特に海上特攻隊を編成し、壮烈無比の突入作戦を命じたるは帝国海軍力を此の一戦に結集し、光輝ある帝国海軍海上部隊の伝統を発揚すると共に、其の栄光を後世に伝えんとするに外ならず。

このようにして決行された大和特攻作戦でしたが、当時は、すでに沖縄本島には敵が上陸して凄惨な地上戦が展開され、日本本土も焦土と化しつつある状況でした。すでに国民は「特攻慣れ」しており、海上作戦は人目につきにくかったこともあり、国民全般としても、海軍部内ですら大した反響を呼ばなかったといわれています。

第3章　意思決定の仕組みを作る

「社風」に左右されない意思決定プロセス

日本海軍の「社風」

日本海軍の意思決定には、第2章で述べたようにいくつもの欠点がありました。確かに情勢判断の手法は教育されていましたが、それはひとにぎりの士官たちに対してのみでした。彼らとて重要な場面で判断を間違ったことはすでに述べたとおりです。

海軍の意思決定には、その伝統からくる前動続行性と独善的な判断の影響がみられました。また、希望的観測や情報の軽視などは誤判断の大きな原因になり、失敗や教訓をフィードバックする取り組みも不十分でした。「長老制司令部」や「人間関係司令部」「空気」の影響などを考え合わせると、これらは意思決定に関する海軍の悪しき「社風」といえます。

合理的であるべき情勢判断や意思決定は、その技法や仕組みが定着していなかったことと海軍の悪しき「社風」の影響で大きく歪められました。このことは、今日のわが国で不祥事や事故が起きるたびに繰り返される「社風に逆らえなかった、おかしいとは思いつつ長年の慣行だった」などというトップの反省の弁と重なります。

米海軍の「健全なる情勢判断」とJOPP《ジョップ》

日本海軍が大きな欠点を抱えていた一方で、米海軍は開戦前の時点ですでに「健全なる情勢判断」という標準的な情勢判断の手続きが確立されていました。

さらに、日本海軍の暗号を解読していたこともあり、日ごとに有利な戦いを進めていきました。日米海軍の差は国力や物量だけでなく、意思決定の面でも決定的に大きくなっていたのです。

戦後、米海軍は情勢判断の手法をさらに洗練させました。その手法は、米国の同盟国である日本やNATO諸国などにも採用され、情報の分析手順を含んだ意思決定、そして計画策定のやり方を標準化することになりました。JOPP（統合作戦計画プロセス：Joint Operation Planning Process）といわれる手法がそれです。

JOPPは本来、7つのステップからなる作戦計画を作成するための手順です。多数の細かい手順がありますが、一般にも適用できる主な部分を4つのステップにまとめることができます。それぞれのステップは論理的に積み上げられており、「社風」に影響されない意思決定プロセスといえます。

ステップ1「使命を確定させ、達成への道のりを示す」
ステップ2「具体的な行動方針を立てる」
ステップ3「相手（敵）と自己の行動を対抗させ、最善の行動方針を決定する」
ステップ4「実行段階へ移行する」

目標管理に基づくリーダーシップ

「戦う組織」のリーダーシップの目的は、リーダーが組織を方向づけして、効率的に目標達成に導くことです。第1章「海軍の仕事術」で論じた指揮官先頭、合理主義、柔軟性など海軍式の良い面を活かし、意思決定における欠点を補わなければなりません。そのためには、論理的な計画手法と「社風」に左右されない効率的な意思決定プロセスを組織に根付かせることが必要です。

目指すのは、指揮官のビジョンに従い、組織を挙げて確実な目標達成を目指すリーダーシップです。これは、「目標管理に基づくリーダーシップ」ともいえます。このリーダーシップを実現させるのが、次に説明する論理的な計画作成手法と意思決定の仕組みです。

ステップ1「使命を確定させ、達成への道のりを示す」

使命(ミッション)を確定させる

論理的な作戦計画を作る手順をJOPPのステップに従って簡単に説明します。

リーダーが組織を動かすための出発点は、「使命(ミッション)」を確定させることです。「使命」とは、「目的」と「任務(タスク)」の組み合わせが基本になります。とるべき行動とその理由は、「○○(組織名)は、○○(目的)のために○○(任務)を行なう」のように明確に定義されます。

ここで作戦の例として、A国の領土であるC島がX軍により不法に占拠され、同島を奪回するという「C島奪回作戦」を考えてみます。この場合のとるべき行動は、「A軍はC島を奪回するため、同島のX軍を排除する」となります。

そして使命(ミッション)は、「5W1H(いつ、どこで、誰が、何を、なぜ、どのように)」を含めた形で簡潔にまとめます。これを「ミッション・ステートメント」といい、一般企業でも企業の使命や理念が謳われるものです。

「C島奪回作戦」では、「A軍は、国連安保理決議第○○○号に基づき、X国が不法に占拠したC島を奪回するため、速やかに同島のX軍を排除する」などとなります。

使命を確定させたら、リーダーは、「エンドステート」を示します。エンドステートとは、目標が達成された（最終）状態のことです。どのような状態を作り出せば「作戦成功」とするのか、それを自身のビジョンとして具体的に示すのです。

「C島奪回作戦」のエンドステートは、「A国の施政下に置かれること」でよいでしょう。

そのエンドステートに基づいて、「C島奪回作戦」を終結させる具体的な条件「終結クライテリア（判定基準）」を以下のように示します。

①C島からX軍が排除され、同島が安全化されている。

②X軍はもはや脅威を及ぼしていない。

③A国の防衛態勢が完成している。

④A国の施政下にある。

この「エンドステート」と「終結クライテリア」により、リーダーの到達目標についてのビジョンを組織全体に対し明確に示すことができます。

解決すべき「問題」を定義する

リーダーがエンドステートを示したら、敵を含む作戦環境を分析します。軍事作戦の場合、軍事に加えて政治・外交、経済、社会など幅広い分野が含まれます。対象分野が広いので、敵、味方それぞれのエンドステートの達成に影響がありそうなもののうち、リーダーの判断に影響を与えるものに着目するのがポイントです。

次に解決すべき「問題」を定義します。使命からエンドステートが導かれましたが、エンドステートのすべてを作戦によって実現させるとは限りません。エンドステートの一部は、ほかの政治・外交、経済分野などによって達成されるはずです。作戦を「成功」させる大前提は、すべてを作戦によって解決しようとするのではなく、ほかの分野を切り分けて、もっぱら作戦によって解決すべき「問題」を正しく限定することです。

「C島奪回作戦」の場合、軍事作戦によって解決すべき「問題」は、「X軍がC島を占拠していること」となります。

達成可能な「目標」を設定する

解決すべき「問題」を定義してはじめて、「目標」を決めることができます。国家の命運を左右する軍事作戦の場合、この「目標」は、内外の状況や敵味方の能力から考えて、確実に達成可能なものでなければなりません。もし達成できないようなら、問題の定義、さらには使命にさかのぼって再検討します。

全体の目標が設定されたら、大きな組織では階層や部門ごとの目標も設定します。そして、それらを系列化して、全体の活動の方向性を統一します。

たとえば、営業所、支社、事業本部、本社という階層がある場合、下の組織の目標達成が上の組織の目標達成に貢献するように方向性を合わせます。このように組織の階層に合わせて調整された一連の目標を「目標系列」と呼びます。この目標系列を適切に設定することが、作戦執行のための最も基本的な条件となります。

「C島奪回作戦」でのA軍の編成は、最も上位の全体を統括するA１部隊、その指揮下で強襲上陸作戦を行なうA２部隊、さらにその下でA２部隊の上陸作戦のためにX軍の脅威を排除するA31部隊、同じく後方支援を担当するA32部隊という階層化された部隊が想定されます。

各部隊の目標は次のとおりです。

A１部隊：X軍の排除（作戦全体の統括）

A２部隊：C島のX軍を撃破（強襲上陸作戦を実施）

A31部隊：C島周辺のX軍兵力を撃破（A２部隊の強襲上陸を支援するための海空作戦を実施）

「重心」をつかんで行動方針を検討する

すでに「使命」「エンドステート」「作戦目標」が明らかになっているので、大まかな作戦のイメージが描けます。最も重要なのは敵の「重心」に対して効果的な作戦を行なうことです。「重心」というのは、「すべての力と行動の源泉で、作戦にあたってすべてのエネルギーを指向すべき点」のことです。その特徴は以下のとおりです。

①力の源泉であり、行動の自由を強化する。
②破壊や弱体化すれば相手の行動を変更させたり、目標達成を放棄させられる。
③戦略レベルでは、同盟、指導者、国家意思など無形の要素が多い。
④作戦、戦術レベルでは、軍事力など物理的なものが多い。

このような特徴を持つ敵の「重心」を正しくつかんで作戦の目標とし、それを効果的に破壊、弱体化させることが行動方針の基本になります。同時に敵の攻撃から自らの「重心」を守ることも重要です。このような考え方に基づいて自身の行動方針を決めて作戦を具体化します。

「C島奪回作戦」の場合、作戦・戦術レベルでは、X軍の「重心」はC島を占拠している部隊とその後方支援を担当する部隊、A軍の「重心」はC島を攻略する強襲上陸部隊となります。

戦略レベルでは、X国の「重心」は国際的な批判や圧力の中でC島を占拠し続ける国家意思、A国においては戦争のリスクをとってでもC島を奪還するという国家意思が「重心」となります。

目標達成までの道のりを示す

前述の「目標系列」に沿った作戦を具体化するにあたり、重要なことは目標達成までの「道のり」を描き出すことです。中間目標を設けたり、段階的に区切ると作戦が組み立てやすくなります。

この「道のり」を踏まえて、組織を目標達成に導くため、各段階での達成度合いを計る「使命達成クライテリア（判定基準）」を決めます。

「使命達成クライテリア」とは、使命を達成したと認める基準であり、前述の「終結クライテリア」に基づいて具体的に設定します。

終結クライテリア①「C島からX軍が排除され、同島が安全化されている」についての「使命達成クライテリア」は次のとおりです。

①-1「A軍上陸強襲部隊の編成・予行演習」
①-2「C島周辺のX軍の脅威を撃破」
①-3「A軍上陸強襲」
①-4「C島のX軍を撃破」
①-5「C島の安全化（地雷や機雷の除去）」

このように作戦全体の流れを具体化したら、作戦計画を作成するうえで必要な重要情報のうち不明なものは、推測を加えずに「仮定」と明示します。たとえば「C島を占拠しているX軍部隊が対空ミサイルを配備している」などです。

また、同様に作戦を制限する事項も、いざとなったらなんとかなるだろうという希望的観測を持つことなく、同様に「制限事項」として明示します。たとえば「X軍潜水艦に対する無警告攻撃は禁止される」などです。

これらの計画段階における「仮定」や「制限事項」は、作戦開始後も変化がないか注視します。

目標達成の評価を準備する

作戦を開始したら、さまざまな指標を使ってエンドステートや使命達成クライテリアを評価し、必要な場合には作戦に修正を加えます。

これらの指標としては、全般の活動がエンドステートや使命達成クライテリアに貢献しているかどうかを評価するMOE（Measure of Effectiveness：一般にいうKGI〔重要目標達成指標〕）や、個々の活動を数値的に評価するMOP（Measure of Performance：一般にいうKPI〔重要業績評価指標〕）などがあります。

たとえば、使命達成クライテリア①-2「C島周辺のX軍の脅威を撃破」についてのMOEは、C島周辺のX軍兵力の活動量、MOPではX軍の脅威を撃破するための自軍のミサイルや魚雷の命中率などが考えられます。

これらの指標に加えて重要なのは、計画段階で前提となった「環境要因」や「仮定」「制限事項」の変化を把握し、使命やエンドステートなどの基本的な作戦の枠組みを見直す機会を逃さないことです。

敵は「サラミ・スライシング戦術」（本格的反応を招かない程度に少しずつ既成事実を積み重ねて所期の目標を達成する戦術）をとってくるかもしれません。また、作戦が長期にわたる場合、作戦環境の緩慢ながらも本質的な変化に対応しなければなりません。

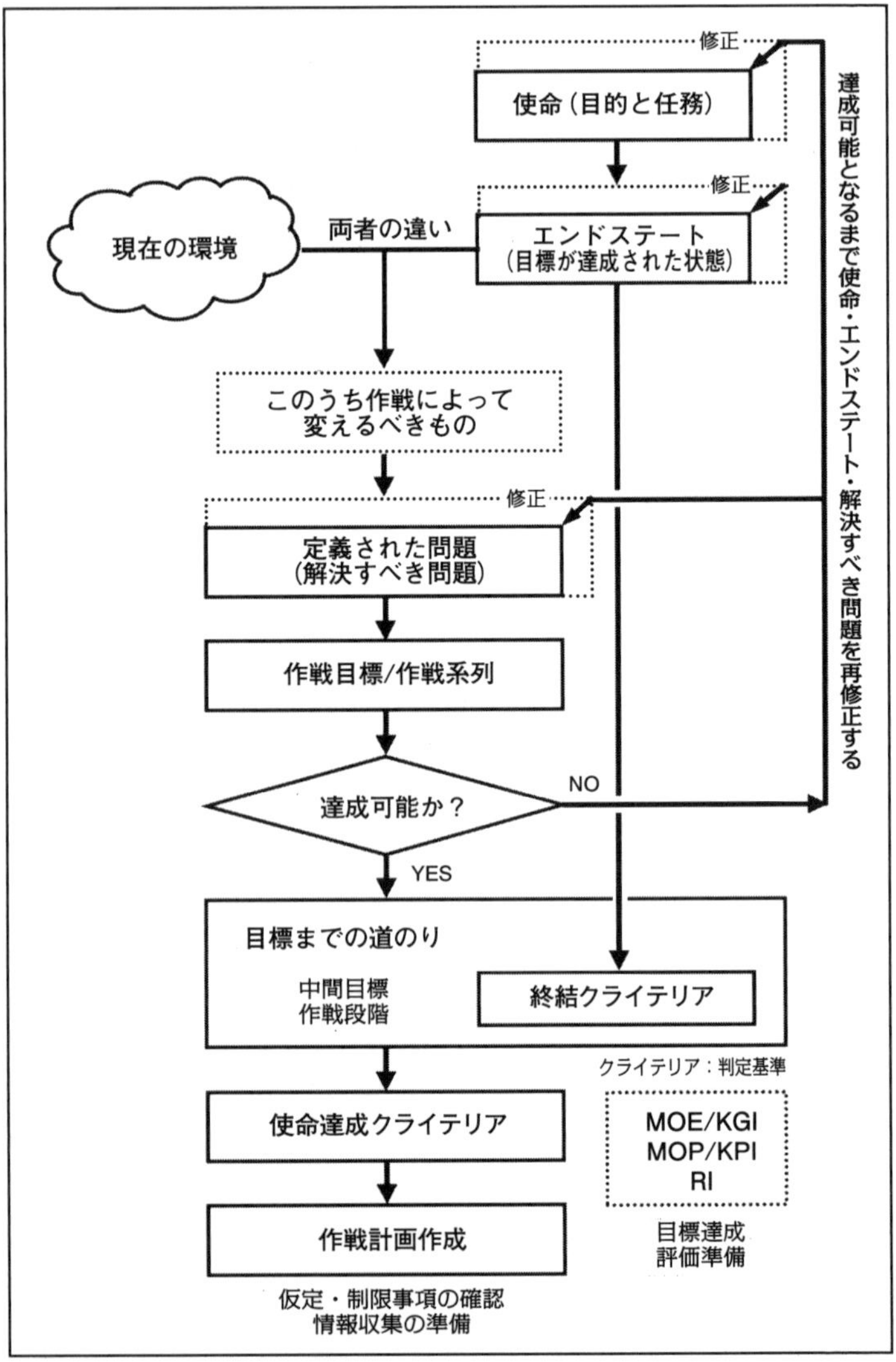

図1 使命達成までの流れ

このような要因をＲＩ（Reframing Indicators：リフレーミング〔枠組みの見直し〕指標）としてあらかじめ列挙し、定期的に分析することで作戦方針の妥当性、適合性を保てます。

たとえば、長期にわたる対テロ作戦では、テロリストの活動状況、テロの温床となる背景要因が作戦方針に密接に関係します。とくにテロの背景要因は複雑で、分析そのものも容易ではありませんが、多くの指標を参考にして「重心」や作戦目標の見直しが手遅れにならないようにします。

このように、作戦を実行するには本来必要とされる作戦関連の情報以外に、「仮定」「制限事項」「ＭＯＥ（ＫＧＩ）」「ＭＯＰ（ＫＰＩ）」「ＲＩ」など多くの追加情報が必要になります。

スタッフ組織のマンパワーには限界がありますから、収集すべき情報をあらかじめ整理し、効率的な情報収集計画を立てます。これは「目標管理に基づくリーダーシップ」を発揮させるための重要な前提となります。

以上で作戦の基本を明らかにする最初のステップは終わりです。この検討結果を組織全体に周知して、それぞれに準備を開始させることになります。（図1参照）

ステップ2「具体的な行動方針を立てる」

ステップ1で検討した大まかな行動方針を具体化します。

まず、敵の行動方針を見積もり、そのうち最も可能性（蓋然性）の高いものと、自軍にとって最も危険なものを明らかにします。そして、それぞれに対する自己の行動方針を検討します。おそらく複数の選択肢が得られるでしょう。

五つの妥当性テスト

そして、それら複数の選択肢を、「五つの妥当性テスト」でふるいにかけます。テストのうち、一つでも満たさなければ、必要な修正を加えるか除外します。

テスト1：ほかの行動方針と明確に区別できるか？

ほかの行動方針と比較して、作戦の焦点、手段、運用する兵力、編成などで明らかな違いはあるか？

テスト2：行動方針として完全か？

4W1H（いつ、どこで、誰が、どんな行動を、どのように実施するか？）この段階では

「なぜ」は不要）が網羅され、「目標」「任務」「必要な部隊」「展開・運用・継戦コンセプト」「目標達成の時間的見積り」「エンドステート」および「使命達成クライテリア」などの要素が含まれているか？

テスト3：使命達成に適合しているか？

敵味方の「重心」が考慮されており、与えられた使命を完遂でき、エンドステートの諸条件を満たすことができるか？

テスト4：実行可能か？

与えられた時間、場所、作戦資源の限度内で使命を達成できるか？

テスト5：リスクを受容可能か？

得られる成果は、見積られるコストやリスクを正当化できるものか？

ステップ3「相手と自己の行動を対抗させ、最善の行動方針を決定する」

最善の行動方針を選ぶ

妥当性のある具体的な行動方針が得られたら、重要な作戦場面について敵の行動方針と対抗させた結果を比較分析し、最善の行動方針を選び出します。

この比較分析には、図上演習やさまざまなシミュレーションを使います。これらの比較分析を通じて、敵に関する不明事項「既知の未知」だけでなく、それまで予想されなかった展開や敵に関する「未知の未知」が発見でき、行動方針の改善や情報収集計画の修正ができればベストです。

比較分析する際に大切なのは、何を優先するのか、事前にクライテリア（判定基準）を決めておくことです。ここでは優先事項として、所要時間の短さ、死傷者数の少なさ、作戦の柔軟性の高さなどが考えられます。

ステップ４「実行段階へ移行する」

計画を作成し実行する

比較分析の結果に基づいてリーダーが最善の行動方針を決定したら、標準化されたフォーマットに従って計画を作成します。計画が完成したら、必要な実地研究や予行演習を行ない、実行段階に移行します。

実行段階での意思決定

スパン・オブ・コントロール

論理的な計画作成手法（ＪＯＰＰ）に基づき計画が確定したら、次は実行段階に移ります。

ここでは、前述した「目標管理に基づくリーダーシップ」の二つ目の要件である、スタッフ組織と意思決定のプロセスについて解説します。

まずスタッフ組織の規模や編成について考えます。リーダーと日常的に接点を持つ直属の上級スタッフは、通常、必要最小限の数に抑えられます。分担する業務の区分を基本にリーダーとの連携が効率的になるよう最大でも七～八人程度とされます。これを「スパン・オブ・コントロール」といいます。

一般的な作戦司令部もほぼこの規模で、さらにその上の戦争内閣のメンバー数も、たとえばフォークランド紛争（一九八二年）時の英国では、首相、国防相、外相、内相、情報担当国務相の五人に、必要に応じて軍事顧問や法相が加わるものでした。

次にスタッフ組織全体では、軍の司令部の例でいえば数十人から数千人と幅がありますが、それぞれの階層はやはり「スパン・オブ・コントロール」の考え方で中央集権的なピラミッド型の縦割り型構造で編成されています。

このピラミッド組織は、部門別の業務や機能別の作戦においては、指揮監督が容易で、迅速な階層間の情報共有ができ、全体として効率的な活動が可能なものです。

ハイブリッド型司令部

この垂直的、縦割りの組織はシンプルで分かりやすく組織管理の上でも便利なものですが、業務や作戦が複雑なものになればなるほど、ピラミッド型の縦割り組織の壁を越えて連携する必要が増えてきます。このような場合、縦割り組織を基本としつつ、同じ階層での横の連携、階層を越えた斜めの連携がスムーズになるよう工夫します。

この時の作戦司令部は、従来のピラミッド型縦割り組織に、「セル」(特定の機能をもった常設のチーム)や「ワーキンググループ」(課題ごとに臨時に設置されるグループ)などの機能別・横断的組織を重ね合わせた「ハイブリッド型司令部」が一般的です。(図2参照)

これにより、組織として恒常的に行なう基本的な業務は、ピラミッド型縦割り組織で効率的かつ専門的に行ない、必要に応じて設置されたワーキンググループなどが機動的かつ効率的に対処できるようになります。

このハイブリッド型司令部の利点として、ピラミッド型組織では難しかった縦割りを越えた

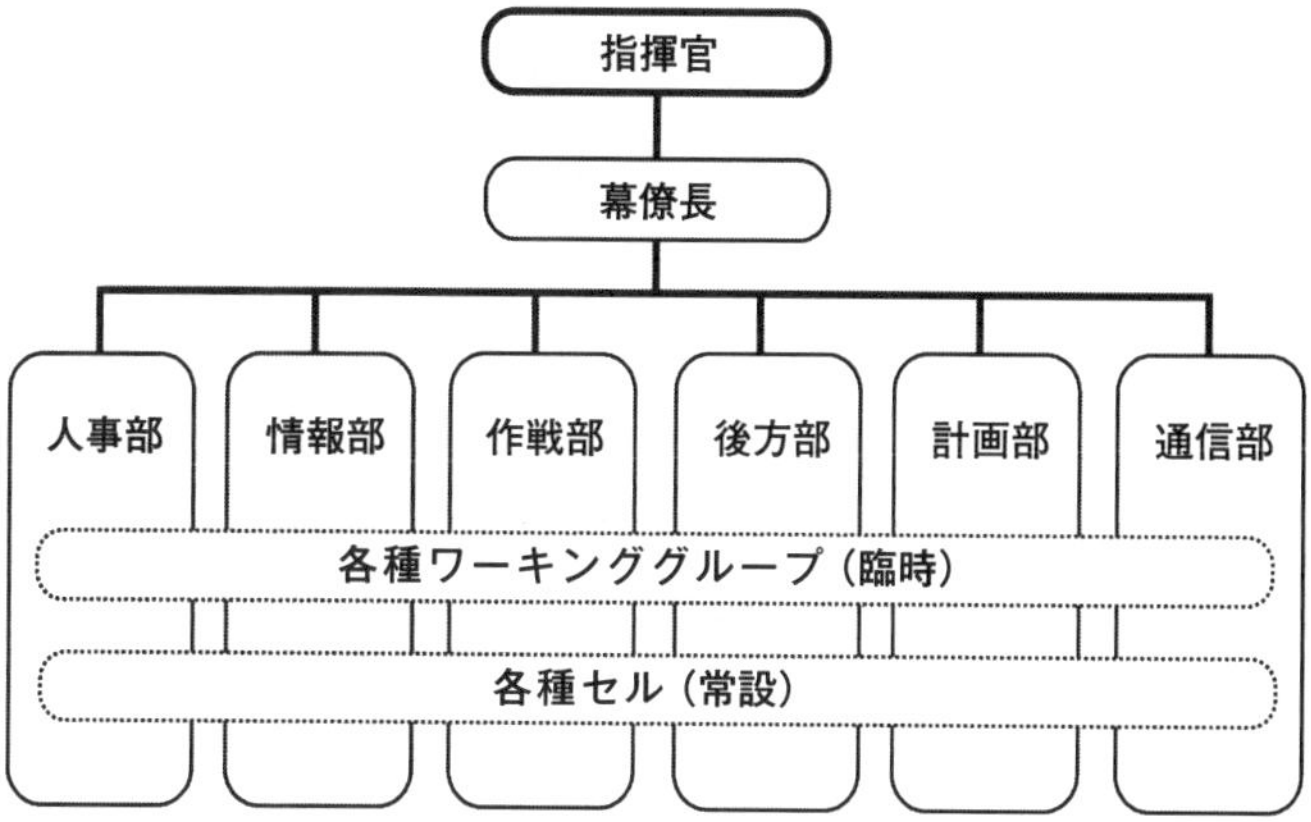

図2 ハイブリッド型司令部

活動が容易になること以外に、リーダーとスタッフの距離を実質的に縮める「組織のフラット化」の効果も期待できます。

司令部では、指揮官との接点を「タッチポイント」と呼びます。通常は一部の上級スタッフに限られるこのタッチポイントを下級スタッフにも拡大するため、特定の課題についてリーダーとスタッフが直接意見を交換する「ハドル」という会議が設けられることもあります。

このようなハイブリッド型の編成は、スタッフを融合させる強力な手段となりますが、個々の「セル」や「ワーキンググループ」などの役割（何をインプットして何をアウトプットするのか）、参加メンバー、開催頻度などを精査しないと、組織全体の業務効率が低下してしまう恐れがあるので注意が必要です。

業務管理の工夫と「自己同期」

ワーキンググループやセルを複数設置すると、これらの活動を効率的に連携させる工夫が必要となります。最初に行なうのは、業務の流れの整理です。後述する「作戦水平線」や「クリティカルパス」という考え方を用いて各業務を効率化します。

また、個々の業務を関連づけ、スタッフの連携を容易にするための仕組みとして、「バトルリズム」や「意思決定サイクル」があります。

各スタッフはこれらの仕組みに対応しながら、それぞれの業務を上司の指示によって進めるのではなく、全体の流れを理解して、自らそれに同期するよう自律的に作業します。

これを「自己同期」といい、業務管理の基本です。

「作戦水平線」で先行的なオペレーションを行なう

スタッフ組織は、変化する情勢を継続して把握・分析し、常に先を見越した指示や命令を出さなければなりません。

発生した事象に対して一つの窓口で単線的に対処していたのでは、状況の変化に処理が追いつかなくなり、先行的な準備ができなくなります。このような事態を防ぐために、作戦司令部では「作戦水平線（Event horizon）」という考え方を採用しています。

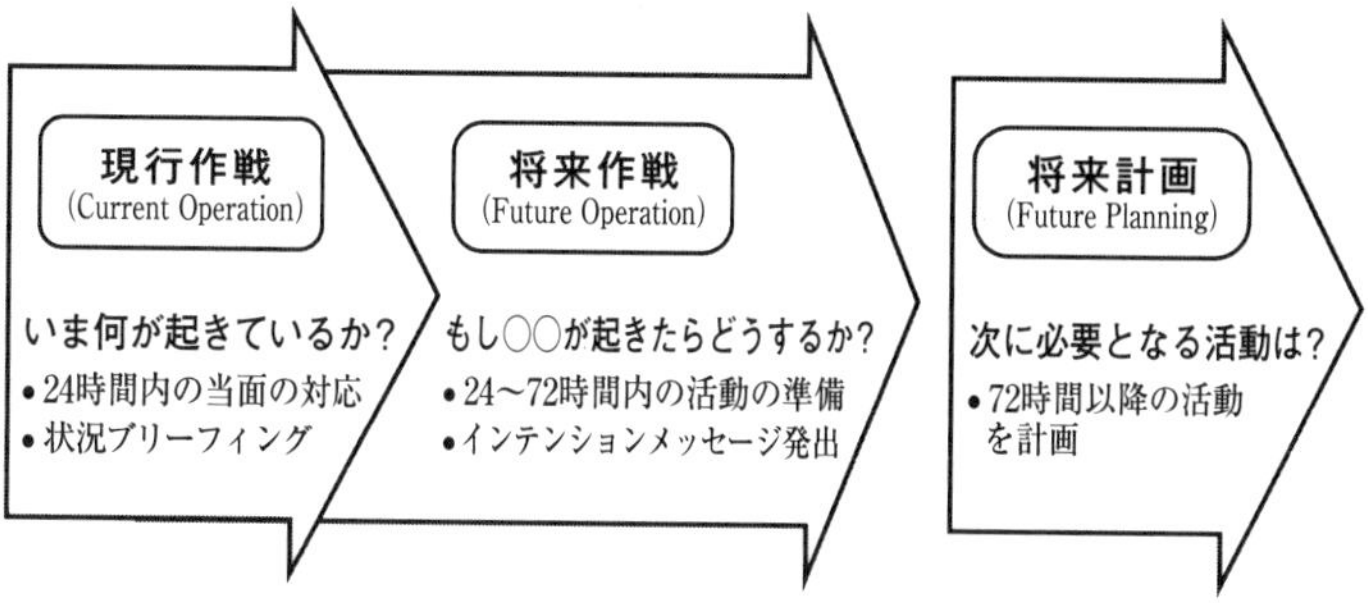
現行作戦
(Current Operation)
いま何が起きているか?
• 24時間内の当面の対応
• 状況ブリーフィング
将来作戦
(Future Operation)
もし○○が起きたらどうするか?
• 24～72時間内の活動の準備
• インテンションメッセージ発出
将来計画
(Future Planning)
次に必要となる活動は?
• 72時間以降の活動を計画

図3 作戦水平線

これは、実施中の活動を「現行作戦（Current Operation）」「将来作戦（Future Operation）」「将来計画（Future Planning）」の三つの時間枠に分割して複線的に処理する考え方で、それぞれを担当する「セル」を設けます。（図3参照）

「現行作戦セル」では、「いま何が起きているか?」をモニターして、二四時間程度を見通した当面の対応を指示します。指揮官に対する定期的な状況ブリーフィングも担当します。

「将来作戦セル」では、「もし○○が起きたらどうするか?」を考えて、二四～七二時間程度を見越した活動の準備をします。指揮官の意図を約二四時間ごとに「インテンションメッセージ」として示し、現場部隊に対応準備を促し、「自己同期」させます。

「将来計画セル」は、「次に必要となる活動は何か?」を考え、七二時間以降の行動を計画します。出来上がった将来計画は「将来作戦セル」「現行作戦セル」と順次移管されて実行に移されます。

このように、「将来計画セル」を先頭として、時間の「水平線」の向こうからやってくる状況を予測しつつ先行的に対応しようというのが「作戦水平線」の考え方です。

ここでは、二四時間態勢で活動している作戦司令部を例に紹介しましたが、軍事以外でも業務の性格やスタッフ組織の態勢に応じて時間枠や任務を割り当てることで柔軟な業務遂行が可能になります。

「バトルリズム」を決める

作戦司令部では、司令部内のスタッフと現場部隊との同期化のため、日常的にブリーフィングやミーティングを行ないます。これらの中で、とくに「現行作戦」と「将来作戦」を同期化させるための周期的な活動のサイクルを「バトルリズム」といいます。

これは、指揮官の意思決定が迅速かつ長期にわたって安定的になされるためにも必要です。

「バトルリズム」は、指揮官が関係する会議（イベント）やスタッフからの報告を受けたり指示したりする「タッチポイント」を決めることから始まります。

「イベント」や「タッチポイント」が決まったら、関係する「セル」や「ワーキンググループ」をインプット（提示資料）とアウトプット（成果物）を業務の流れと合うように配置しま

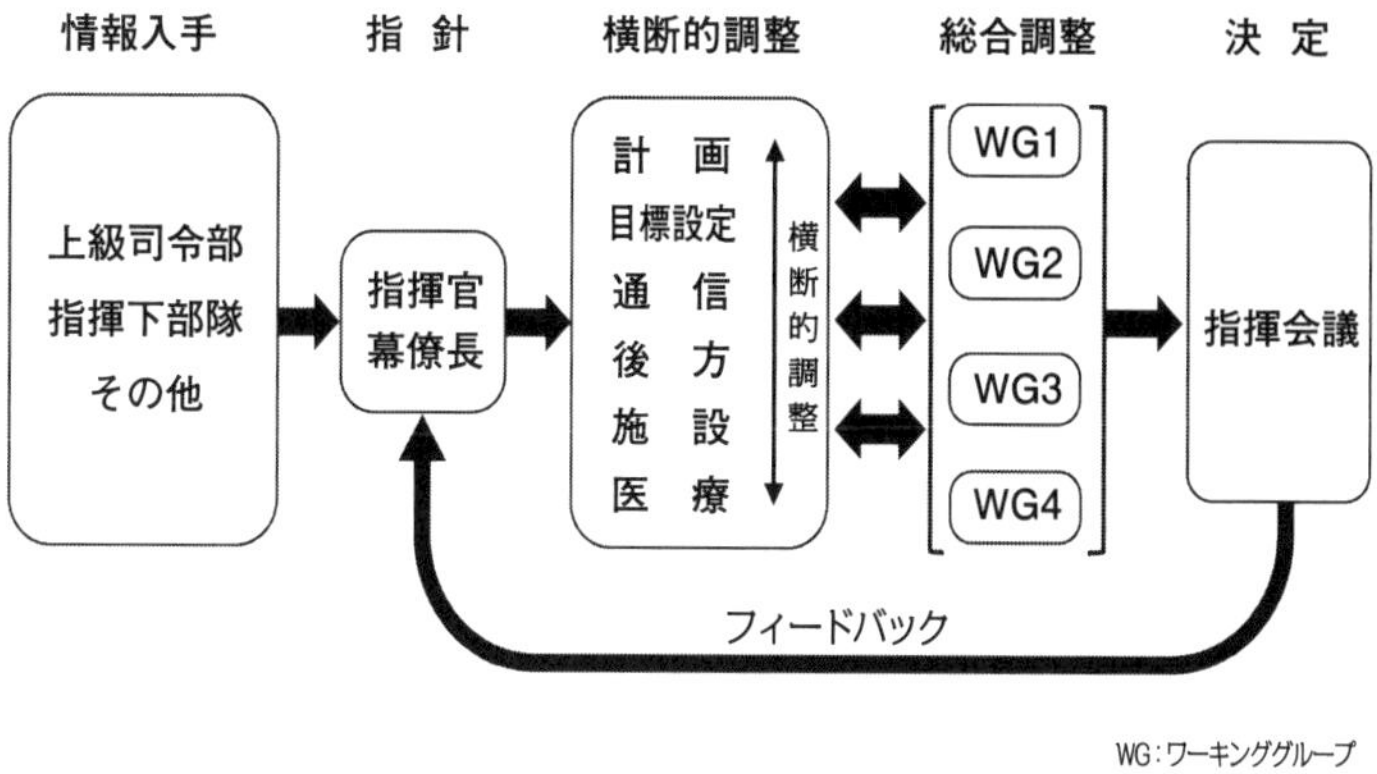

図4-1 クリティカルパス

す。

作戦司令部では、このような「イベント」「タッチポイント」「ワーキンググループ」の関係を意思決定の論理的な手順「クリティカルパス」として規定し、イベント配置の無駄を省いて全体の効率化を図ります。（図4-1参照）

「クリティカルパス」で、論理的に配置されたワーキンググループなどを月、週、日単位の予定表に落とし込んだうえで、イベントが何も予定されていない「ホワイトスペース」を確保します。これは、スタッフが考えたり指揮官が現場を視察したりする時間、そして何より十分な休養のための時間です。これで「バトルリズム」の完成です。（図4-2参照）

古来「最少の過誤を犯す者が最良の将である」といわれるように、疲労による判断ミスを防ぐために

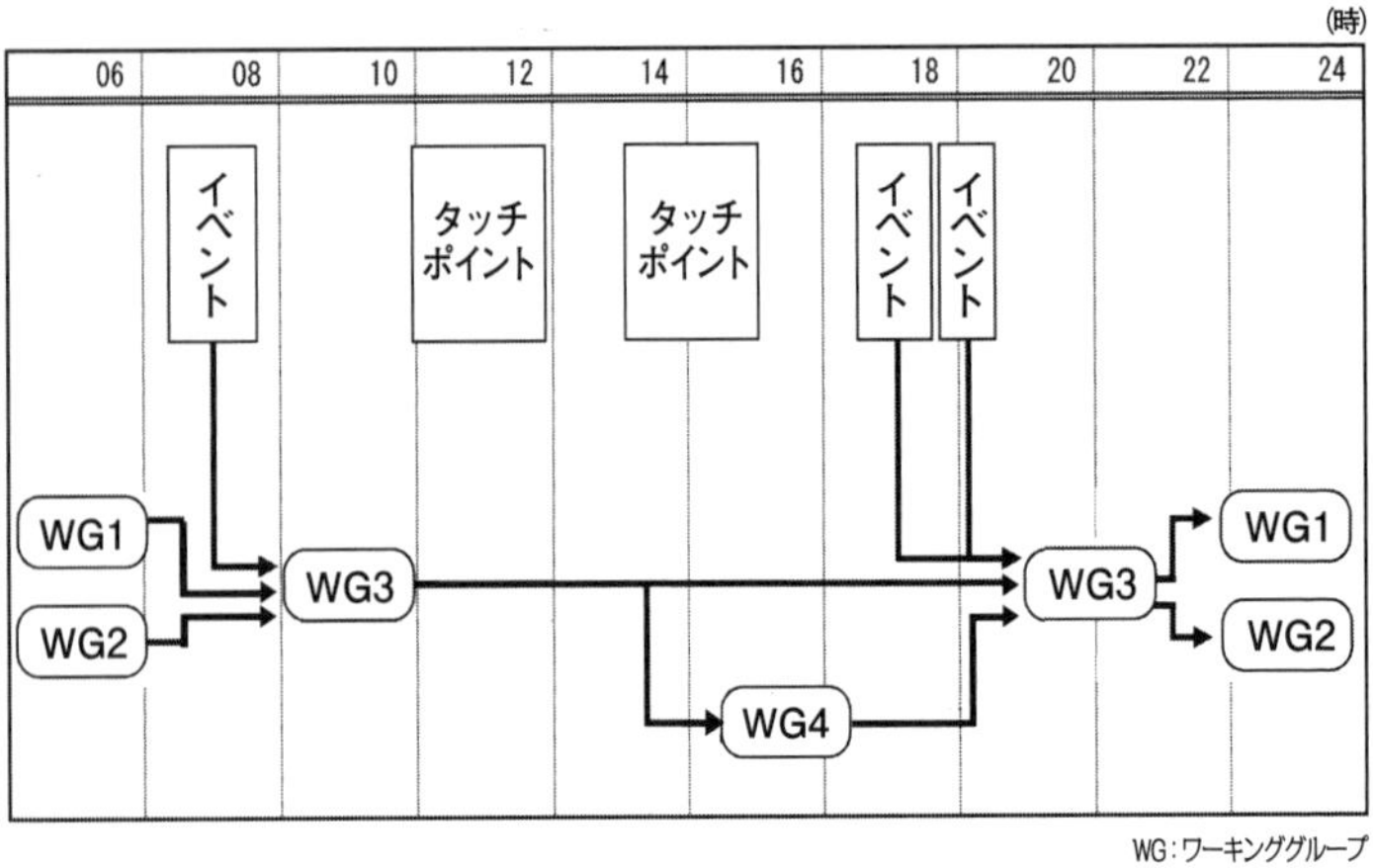

図4-2 バトルリズム

は十分な休養が必要です。このような観点から、指揮官や上級スタッフの就寝中などに不測事態が発生した場合に報告したり、指示を仰いだりする際の要領を定めた「ウェイクアップ・クライテリア」を定めることも重要です。

なお、注意深く定められた「バトルリズム」であっても、管理を怠ると「イベント」の延長や増加、「ホワイトスペース」の減少につながり、非効率なものになりかねません。

「バトルリズム」の適正な運用には規律が必要です。作戦司令部においては、幕僚長がイベントの妥当性（目的、時間配分、参加者、インプットとアウトプットなど）を継続的に評価し、そのイベントが指揮官の意思決定に貢献しないと判断したら「バトルリズム」から除外します。

意思決定サイクルを確立する

作戦司令部における指揮官の「意思決定サイクル」は、以下に示す「監視」「評価」「作戦設計と計画」「指揮」の四段階が基本です。(図5参照)

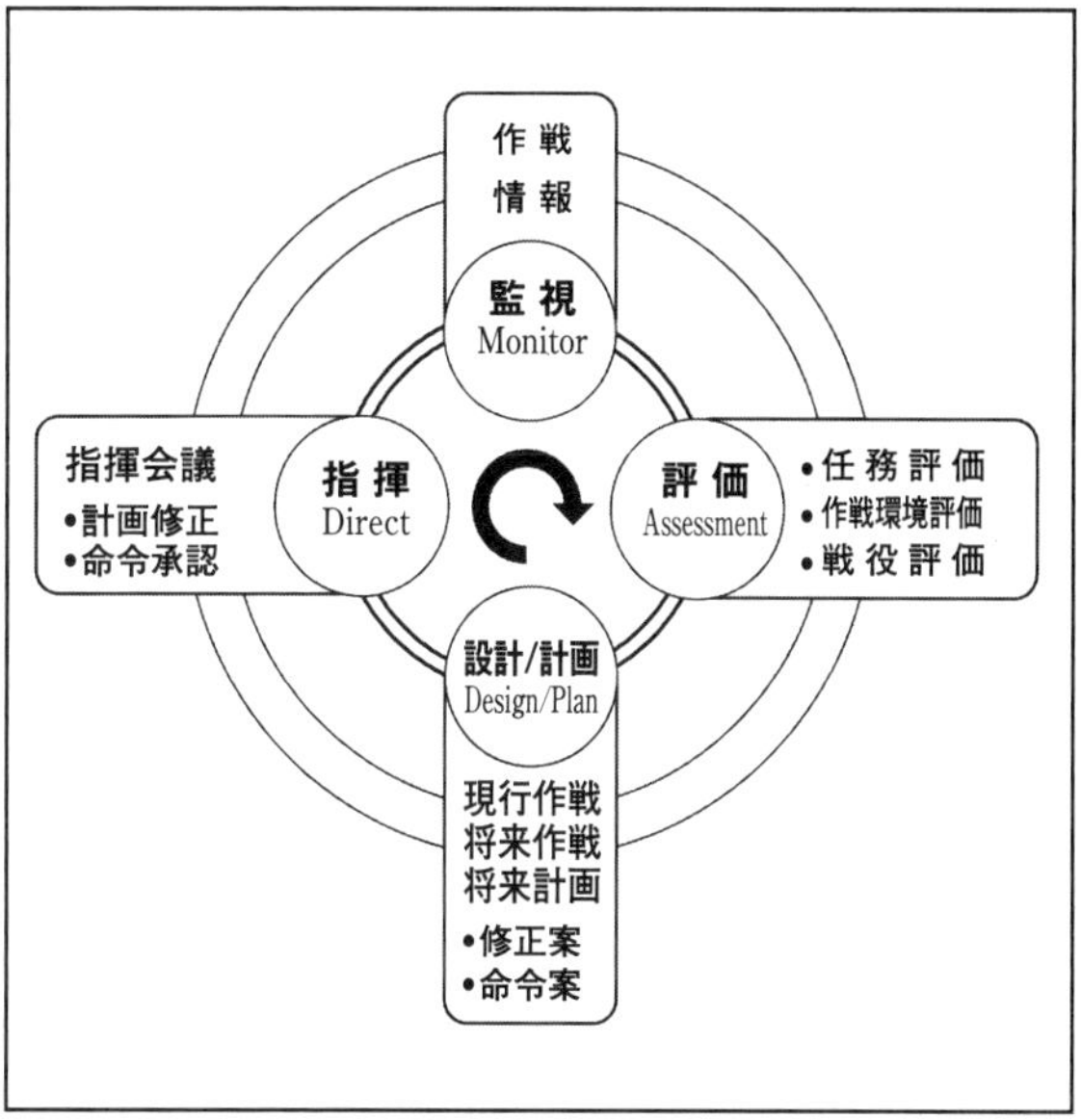

図5 意志決定サイクル

これは前述した「作戦水平線」「クリティカルパス」「バトルリズム」がどのようなものになろうとも、一般の会社組織でも基本的な考え方は共通です。

(1)「監視(Monitor)」

連続的に作戦状況を監視し、部隊の保全を図りつつ好機を探る。

定められた「報告クライテリア」と「報告経路」により、指揮官への過不足のない報告を行なう。

(2)「評価(Assessment)」

定期的に作戦状況を評価する。この際、作戦の目標達成の度合いを評価する指標などを定めた「作戦評価クライテリア」を活用する。評価は次の三つの側面から行なう。

①任務評価

与えられた任務に従って部隊は正しく行動しているか？

②作戦環境評価

作戦環境は変化していないか？　作戦環境に応じた正しい行動をとろうとしているか？

③戦役評価

「使命を達成しつつあるか」という評価に基づいて、必要な計画の修正を指示する。

（3）「作戦設計と計画の修正（Design and Plan）」

評価を踏まえて現在の計画を修正し、命令を起案する。

（4）「指揮（Direct）」

決定した指示、命令を現場部隊に伝達し、指揮官による指揮統制を行なう。

このように指揮官の基本的な「意思決定サイクル」は四段階に分けられますが、作戦は二四時間休みなく続き、指揮官の意思決定も継続するため、連続的なサイクルとなります。

第4章　チームを作る

リーダーとスタッフの相互作用

「指揮官の孤独」をチームで支える

どんなに大きな組織でも、リーダーと日常的にやり取りする部下の指揮官や上級スタッフはせいぜい数人です。このような少数のスタッフからなる「チーム」は、リーダーにとって大変重要です。

第3章で論じたように計画立案や意思決定が確立されても、リーダーも人間です。どうしても迷いが生じる場面が出てきます。もちろん、そのような迷いの一部は、計画立案の手続きや意思決定の仕組みの中で解消できます。つまり、見積もりや行動の選択肢を増やしたり、追加の不測事態の対処要領を作ればよいのです。しかし、それが行き過ぎると焦点のぼやけた「なんでもありの計画」となってしまい、現実的ではありません。

そこで、リーダーは自らの経験や直感を最大限に活かして一人で難しい決断をすることになります。「指揮官の孤独」です。このような場合、リーダーの悩みや迷いを信頼できるスタッフと共有し、適切な助言が得られたら、リーダーの負担は軽減され、結果としてよい決断につながります。

これはリーダーの責任を回避したり、スタッフに転嫁するということではありません。また、リーダーが安易に不安や迷いを口にしてスタッフを混乱させるべきではないことも当然です。「指揮官の孤独」とは、リーダーが何でも一人で抱え込むということではありません。信頼できるチームを作り、それを正しく活用することです。「指揮官の孤独」を支えるスタッフ、それが「チーム」です。

リーダーとスタッフの違い

世の中にはさまざまなレベルのリーダーがいますが、トップリーダー以外はより上級のリーダーがいます。誰もがチームの一員ということです。その意味で、良きリーダーであるためには、良きスタッフでなければなりません。

ここで注意すべきは、リーダーとスタッフの本質的な違いです。第3章で述べたように、論理的な計画作成手法（ＪＯＰＰ）ではリーダーによる目標設定が不可欠です。計画プロセスの要所でリーダーの意図が反映され、結論を左右します。組織の方向性をスタッフに示して納得させるのがリーダーの役目であり、これはスタッフとの大きな違いです。

もう一つの違いは、スタッフの関心が物やデータに向かわざるを得ないのに対し、リーダーは、人、組織の団結、士気を重視します。作戦計画はスタッフの助けがあれば作れます。その内容を部下に納得させるには、計画が論理的で合理性を備えていればよいでしょう。

しかし、いざ作戦開始となり部下を困難な状況に立ち向かわせて成果を得るには、単なる論理的な理解や納得、あるいは階級やポストの上下関係だけでは不十分です。「このリーダーのためなら」という、部下たちの自発的な服従や献身を勝ち得ておかなければなりません。このために、リーダーは人に向き合い、目標達成に向けた情熱を示し、自ら組織の団結の中心となり、信頼と尊敬を得る必要があります。これもスタッフとの大きな違いです。

このようにリーダーとスタッフは異なるものですが、それぞれが別個に存在するわけではなく、同じチームの中で互いに影響を及ぼし合います。リーダーとスタッフは互いの個性や資質と折り合いをつけて協調します。このリーダーにしてこのスタッフ、このスタッフにしてこのリーダーというような相互作用が出てきます。

第3章でスタッフ組織の作り方を紹介しましたので、本章ではこのようなリーダーとスタッフの関係、スタッフ組織を機能させる手法について述べます。

スタッフの役割

誠実の人たれ

スタッフの第一の役割はリーダーの補佐です。これは、リーダーの手に余る量の仕事や専門的な知識、技能を必要とする仕事などを分担することです。これらの作業は「バックヤード」で行なわれることが多く、リーダーの意思決定プロセスに関係するデータ収集、分析、文書の起案などが含まれます。

第二に、チェック・修正役が挙げられます。これは広義の補佐といえますが、一般的なスタッフが分担して行なう作業的な補佐と違い、幕僚長などの上級スタッフや部下指揮官などが指揮官のチームとして最も近い立場で修正意見を述べたり、場合によっては諫言《かんげん》も厭わないという点で異なります。

第三に、外部との調整役です。担当レベルのスタッフから上級スタッフあるいは幕僚長レベルの調整があります。困難な調整を行なう場合は、リーダー同士の衝突を防ぐ緩衝役となります。

このような役割が期待されるスタッフに必要なものとは何でしょうか？

専門的な知識や能力は当然です。調整能力や説明能力も重要な要素でしょう。しかし、これまで多くのスタッフと接してきた筆者の経験からいうと、最も必要なものは「誠実さ」ではないかと思います。

専門的な知識は必要ですが、完璧な人などいません。いちばん困るのは検討結果が不完全なものにもかかわらず、完全であるかのように報告されることです。「実はこの部分は不十分です」と正直に言ってくれる方がよほどありがたいものです。そんなスタッフの及ばないところを補うためにこそ知識と見識において優れたリーダーがいる意味があります。

このような誠実さに加えて必要なものは、上司に対して勇気をもって反対意見を言ってくれることです。筆者などが先輩たちから海軍以来の教えとして指導されたことがあります。それは「誠実の人たれ」ということであり、「人間のことだから上司でも間違いはある。そういうときに迎合せずに『それは間違いだと思います』『私はこう思います』と遠慮なく指摘できる人になれ。上司とそういう関係を作れ。そういう人は、本当の意味で仕事を大事にし、上司に対しても親切な人なのである」と繰り返し指導されたことを思い出します。

筆者が駆け出しの幕僚の頃、先輩のスタッフから、担当者として上司に報告をする場合の「心がけ」を指南されました。それは、信念と責任感を持って説明するが、間違いは素直に認めること、上司の質問には疑問点の解消と方針修正の示唆の二つがあるから間違わないこと、そして上司が方針的な事項を示したら謙虚に受け止めることなどです。

これは、知識も経験も未熟な幕僚として、上司の見識を学びとり、高い立場からの判断能力を磨くという意味があったと思います。

リーダーとしては誠実さと勇気を備えたスタッフを持てたら理想的です。しかし、実際には「イエスマン」や「日和見主義者」のようなスタッフは珍しくありません。さらには、とにかく議論を避け「おっしゃるとおりです」を繰り返しながらなんとか了承だけを取り付けようとする「上司説得術」に長けたスタッフさえいます。

スタッフとしてリーダーに対する責任を果たそうとするならば、「誠実さと勇気」を持ったスタッフとなるための修練を積んでもらいたいと思います。また、リーダーとしては、スタッフが「上司説得術」などに走らないよう、スタッフは自分が育てるものという気持ちで自己のリーダーシップを磨いてほしいと思います。

「自分式」のリーダーシップとは

ペンタゴンの困ったボスたち

ここで「自分式」のリーダーシップについて述べます。「自分式」というのは、あるがままの自分を活かしてよりよいリーダーシップを目指すものです。「自然体やわがまま」とは違います。（第7章で詳述）

たとえば、「イエスマンのスタッフ」は本人の信念が弱いのではなく、リーダーの信念が強すぎるせいかもしれません。「日和見主義のスタッフ」は上級スタッフや指揮官からの指示が支離滅裂なのかもしれません。いろんな課題を次々に与えて部下たちを疲弊させる上司がいたら、それは上司がアイデアマンすぎたり、せっかちすぎるせいかもしれません。

このようなスタッフや部下の困った現象の原因は上司である自分にあるのではないかと反省することで、「自分式」リーダーシップを磨くことができます。

『異動先はペンタゴン（Assignment Pentagon）』（M・スミス退役空軍少将ほか著）という本があります。この中に「ペンタゴンの困ったボスたち」が登場します。リーダーなら誰しも思い当たるのではないでしょうか。少し長くなりますが、以下に紹介します。

野放しの「大砲」タイプ

聡明でアイデア豊富、エネルギーに満ち溢れ、海図なき航海を楽しむタイプ。面倒な手続きや調整を嫌い、大きな成果は思い切った行動を通じてのみ実現されると信じている。部下のアドバイスに対しては、たとえ良いものであっても聞く耳は持たない。

意思決定は、「とりあえず発砲してから狙いを修正する」というアプローチをとる。正しい意思決定と着実な実行のためには周囲の理解と支援が必要なことを分かっていないので、このボスがビッグボスに気に入られている場合には、災難を引き起こす可能性が高い。

このボスのアイデアやイニシアチブが真に素晴らしければ問題ないが、そうでない場合に方針を変えさせるのは極めて難しい。一つのやり方は、スタッフの独創性を最大限に発揮してボスが気に入りそうな素晴らしいアイデアをひねり出すことである。うまく飛びついてくれればよし。ボスは部下のアイデアを横取りすることになるが、部下としてはそれを許す度量を示すべきである。

ボスが間違った方向へ暴走を始めた場合には、直接的なアプローチは避けたほうが賢明である。「それは昨年試してまったくダメでした」と直言すると、その部下自身が問題の一部とみなされることになりかねない。こんな時には、「昨年試していくつかの問題が判明しました。得られた教訓はこれこれです」として、極力、「残念」感を滲ませながら、失敗の経緯を説明する。

その上で、「とりあえず組織の内外に複数の同調者、支援者を得ましょう」などと穏当なアプローチを持ちかけるのがよい。もし本当に酷いアイデアの場合、「これを進めたらボスの信用はガタ落ちで立ち直れなくなります」と忠告するしかない。

「過剰管理者」タイプ

細部にこだわり何でも自分でやりたがる仕事中毒者。上司を恐れているか、その能力を信用していないか、あるいはその両方が原因である。ペンタゴン最大の問題の一つでもある。

長年にわたって過剰管理に慣れ親しんだボスを変えさせるのは、まず不可能である。一つの方法は、本人が処理しきれないほどの大量の課題、ブリーフィング、データを持ち込み、自分一人では成し遂げられないことを悟らせることである。

ボスが飽和状態に近づいたのを見計らって、仕事の仕分けを申し出て、ボスが本当に深く関与すべき仕事と関与すべきでない仕事をほのめかす。ボスの興味と経歴を活かせる分野に誘導できたら問題は解決である。

「窓際上司」タイプ

中間層の年長者で長年ペンタゴンで奮闘し、ついにエネルギーと闘志を使い果たしたタイプ。難しい案件が回ってくると、「またか！どこか他に回そう」「撤回されるまで検討しよう」「ボスが忘れるのを待とう」「見なかったことにしよう」などと対応する。担当者がやる気満々の案件でもボスはやらせてくれないので、部下には大きなフラストレーションとなる。

このようなボスに対しては、部下がすべて処理するのでボス自身は何もしなくてよいとわからせれば好きにやらせてくれる可能性がある。しかし、最終的な結果にボスが責任を持っている場合は駄目なので、そのような場合には、「他へ投げても結局こじれて戻って来るだけです」と説得するしかない。

それでも駄目ならボスには出張を増やしてもらい、不在の間に重要で面白そうな仕事を同僚とともに首尾よく確保する手もある。ペンタゴンでは担当者が途中で交代させられることはまずないので、ボスが帰ってくるまでの間に担当者としての立場を確立すればよい。これは少し不誠実にも思えるが、このような状況では、ボスへの忠誠と組織全体への忠誠を秤にかけざるを得ない。

「超野心家」タイプ

何につけても、自分自身の出世に役立つかどうかで判断するため、部下として付き合うのが極めて難しく、最悪の管理者となるタイプ。ビッグボスと直接絡むことが最優先で、それにつながるものなら部下が取り組んでいる案件であっても平気で横取りする。

担当者としては、自らの野心のために仕事をするボスを極めて不満に思うかもしれないが、この癖を逆手にとれる可能性もある。重要な案件にもかかわらず、ボスがしかるべき関心を払わない時は、ビッグボスが「大変興味を持っている」と囁けばよいし、とんでもないアイデアを推進しようとしている時は、ビッグボスの逆鱗に触れると悟らせれば、上司をコントロールできるかもしれない。

「弱腰上司」タイプ

このボスは何かにつけて強い立場をとることを渋り、部下を困らせる。他との協力や妥協も時に必要だが、重要な問題についてきちんと主張しないようでは、組織や国家に対する責任を果たしたことにならない。

部下としては、弱腰の対応では組織とボス自身を損なうことになると説得してボスの尻を叩くのが第一である。もう一つのやり方は、これはビッグボスの思い入れの案件なのでしっかりやるべきであり、間違っても妥協してしまうと長期的に大きな問題となることをわからせることである。

「割り込み処理中毒者」タイプ

このタイプのボスは次々と案件を乗り換えるのが好きで、ジャグリングのように空中にあるボールが多ければ多いほど機嫌が良い。また、一つの案件についてじっくり取り組むのが苦手で、複数の案件でバタバタするのを生きがいにするばかりか、そのような状況を作り出しさえする。電話で話しながら会議を進めたり、物事を取りまとめるよりも新しく始めることを楽しみ、質問しても部下が答える前に別の質問を畳みかけるのがこのタイプである。

ただでさえペンタゴンの環境はこのようなボスを増殖させやすいので、部下としての対応はおのずと限られる。ボスの補佐役や秘書にかけ合って、要処理案件をバレないように減らす、会議中にかかってくる電話を遮断する、会議そのものを減らす、あるいは電話をかけられない場所で会議を設定するくらいしか対策はないだろう。

「困ったボス」を演じよう

これら以外にも「困ったボス」のタイプはいろいろありますが、自分はどのタイプに近いか自覚しておくことが大事です。本当に部下を困らせない程度であれば、状況に応じてタイプを使い分けることで、より良きリーダーになれる可能性があります。

スタッフから良いアイデアが出なければ「野放しの大砲」といわれようともどんどん提案すればいいのです。対応する課題によっては「窓際上司」のふりをしたり、「弱腰」で臨んだ方がよい場合もあるでしょう。ここぞの場面では「過剰管理」タイプを買って出て事態を掌握します。

人間は複雑な存在です。リーダーも場合によっては嘘をつきます。本心を言えないことなどはざらです。リーダーもスタッフも人はそういう存在であることを前提にチームを作るべきです。自分のリーダーシップスタイルをこれ一本と決めてしまうのではなく、人間関係の機微をうまく受け止め、さまざまな局面に対応できるような遊びをもたせ、それをスタッフに許容してもらうことが大切です。

意思決定の「落とし穴」

「批判的思考」で落とし穴を回避する

「長老制」や「人間関係」司令部については第2章で述べました。司令部やチームの仕事のやり方が時々の人間関係、力関係で多少変化するのは仕方のないことです。しかし、それは許容範囲内でなければなりません。

また、軍令部と連合艦隊司令部のように、戦略レベルと作戦レベルの間の摩擦や不協和音があっても、それが作戦の遂行に影響して本来の作戦目的から外れてしまったり、リスク管理がおろそかになるようでは問題です。

当時の日本海軍のスタッフ組織が露呈した諸問題は、現代日本のあちらこちらのチームで起きています。社会から尊敬されるような大企業や組織であっても、判断ミスから大きな損失を出したり、信じられないような不祥事やトップの暴走が起きています。これらは、いわゆる日本的組織だからというのではなく、グローバル企業といわれる組織でも見られる問題です。

現代の軍事組織では、政府レベルから現場の部隊レベルに至るまで、計画を策定するための手順とそのチェック要領が定められています。また、第3章で述べたように、スタッフ組織における日々の業務の流れや意思決定の健全性を保つため、さまざまな工夫がなされています。司令部組織の「ハイブリッド化」や業務を円滑化、健全化するための「クリティカルパス」「バトルリズム」「意思決定サイクル」などです。

しかし、このような工夫だけでは十分とはいえません。「論理的思考」を積み上げることは大前提ですが、そこに「批判的思考」を加えることで意思決定に潜む「落とし穴」を避けることができます。

組織を作るのが人間である限り、それが軍事組織であるかないかを問わず「意思決定」に際して起こる問題は普遍的で、その対策も共通します。

まず、意思決定に潜む「落とし穴」について整理します。

時間的制約とマンパワー不足がもたらすもの

スタッフ組織にとって時間的制約とマンパワー不足は慢性的な問題です。

チームの処理能力を超える「情報過多」になれば、手早く処理するために、単純な枠組みに当てはめやすく、扱いやすい情報に焦点を絞る傾向があります。すなわち「過度の単純化」で、「視野狭窄」が生じる可能性もあります。

さらにエスカレートすると「便宜的解決」や「思考放棄」といわれる現象が見られることがあります。これは、形式的な「分析」をして、当たり前の対処法を「結論」として示す、俗にいう「やっつけ仕事」です。

リーダーは、重要な案件でこのような問題が生じないよう、部下たちの状況をよく見てメリハリのついた仕事をさせなければなりません。

思考の偏り（バイアス）が判断を誤らせる

人には、多かれ少なかれ思考上の偏り（バイアス）があり、このために論理的な結論に至らないことがあります。

日本海軍は、太平洋戦争の緒戦、真珠湾奇襲を成功させ、大艦巨砲から空母機動部隊の時代に変わったことを証明しました。しかし、実際に大艦巨砲主義からの転換が早かったのは米海軍であり、日本海軍の転換はずいぶん遅れてしまいました。

もちろん巨額の予算で建造した戦艦群を無用の長物と化してしまう転換を図るのは簡単な話

ではありませんが、日本海軍は、状況が変化しているにもかかわらず、以前の決定が誤りで回収不能なコストであることを認めることを先送りしてしまいました。いわゆる「損切り」できない状態ともいえます。これは「埋没費用バイアス」といわれています。

また、人はそれぞれ思考の基本になる無意識的な前提、歴史的類推、思考の枠組みを持っています。これが意思決定の場面で影響する可能性があります。

たとえば、日本海軍の暗号は最強だという「思い」が「確信」にまでなってしまうと、いつしか情報が米海軍に漏れているはずはないという「前提」になってしまい、多くの作戦で失敗を重ねました。これは、「隠れた前提バイアス」です。

その他の典型的なバイアスとして、自分が信じていることを再確認するために情報を求めたり、新しい情報が得られても、既存の判断を補強するように解釈したりする傾向を「追認バイアス」といいます。これにより、それまでの理解と相反する情報があっても、見過ごしたり過小評価することで誤判断の原因となります。

これと似たものに「現状維持バイアス」があります。これは無意識のうちに、現在の傾向は続き、将来は過去の延長線上にあると考えてしまう傾向のことです。変化の兆候が見えているにもかかわらず、本格的な検討がなされないまま、重大な変化が見逃されることになります。

日本海軍の犯した希望的観測や誤った直感の多くは、これらのバイアスに影響されていると考えられます。

自分本位の見方や価値観が判断を狂わす

太平洋戦争で見られたもう一つのパターンは、「日本は〝神国《しんこく》〟なり、米国民は軟弱で米軍恐れるに足らず」と、根拠のない自信過剰に陥り判断を誤ったことです。

これは、自分の属する文化、民族を基準としてほかの文化を否定的に評価してしまい、結果として相手の能力を下算する「自文化中心主義」です。

自分本位の見方を相手にも当てはめてしまう間違いもあります。典型的なものが自分の価値観、文化、考え方、制約要因などをもとに、「自分だったらこう考えるから、相手もこうだろう」と誤判断する「ミラー・イメージング」です。

このような自分本位の見方や価値観は、国や民族の傾向として見られますが、組織においては、リーダーの言動により大きく影響されるので注意が必要です。

自信過剰と過度の悲観

「自信過剰」や「過度の悲観」の悪影響についてはとくに説明を要しないでしょう。

戦史では直前の作戦結果が指揮官や幕僚の思考や判断に大きな影響を与えた事例が多く見ら

れます。前述したようにミッドウェー海戦では、半年前の真珠湾奇襲作戦の「大成功」からくる驕りと油断が大敗の原因となりました。

逆に、「負けるかもしれない、いやきっと負けるだろう」という過度の悲観にとらわれると、敵を過大評価し、状況判断も否定的となりかねません。これでは行動の選択肢も狭まり、勝てる作戦も勝てなくなってしまいます。

自信過剰に起因する問題として「計画との戦い」があります。これは、計画作成を担当したスタッフの「自分が作り上げた計画」という強い思いが、見直しを要する状況でも手を入れさせず、必要な修正がなされない現象です。この場合、敵ではなく「味方の（適合性を失った）作戦計画」と戦う事態に陥ります。

「部族思考」と「調整による劣化」

意思決定プロセスには外部組織との調整が必要な場合もあり、この影響は無視できません。

チーム・メンバーに他の組織から派遣された「連絡官」などが含まれると、その組織との調整を円滑に進めなくてはなりません。もし、この連絡官が合理的な調整よりも、派遣元の利益を優先させるようになると、「部族思考」の問題が顕在化します。各組織の調整に終始した結果、可でも不可でもない公約数的な結論になってしまいかねません。

この「部族思考」のほかにも「調整による劣化」があります。チームとして幅広い検討を行ない、適切な決定案に至ることができても、その後、個々のスタッフによる関係先との調整を経る段階で、さまざまな変更が加えられ、結果として、決定案の一貫性が弱められたり、中心的な概念が妥協的なものになることがあるので注意しなければなりません。

美辞麗句に隠された真実

太平洋戦争末期に決行された戦艦「大和」による海上特攻作戦の決定にあたって、「空気」の影響があったことはすでに述べましたが、この特攻作戦は、作戦としてもいくつかの欠陥を抱えていました。部隊に対する連合艦隊司令長官の訓示は、「光輝ある帝国海軍水上部隊の伝統を発揚する……」などの美辞麗句が使われました。

この訓示には、論理的・合理的とはいえない決定を正当化しようとする司令長官の意図があったと感じるのは筆者だけでしょうか。詳しい検討なしに承認を得るため、もっともらしい言葉を使って感情に訴える手法は、決してほめられるやり方ではありません。

その他の「落とし穴」

太平洋戦争の開戦前年に行なわれた図上演習で「海軍は開戦後二年半分の燃料を蓄えている

が、米英の全面禁輸を受けると、四、五か月以内に南方武力行使を行なわなければ主として燃料の関係上戦争遂行ができなくなる」との研究結果が出ました。以後、この結果が「戦争持久可能二年論」とともに、開戦時期を経済封鎖後四〜六か月とする「共通認識」となり独り歩きをすることになりました。

これは、最初に与えられた情報に引きずられて、その後の判断に影響を受けてしまう「アンカー（錨）リング」という現象です。

また、本来の能力や品質に関係なく、ある一面の特徴によって高評価される「ハロー（後光）効果」も、日常でよく見られる現象です。この逆が「デビル効果」「熊手効果」です。海軍兵学校や海軍大学校を優秀な成績で卒業した士官を、一も二もなく高く評価する傾向があったのは、海軍の人事評価制度の限界でした。多面的な情報を集めることで、この「落とし穴」は軽減できます。

「利益相反」もやっかいな問題です。自己の利益を追求する人間の本性から、得られた結論が自己の利益に反する場合、それを軽視したり弱めたり、あるいは排除したりする傾向が見られます。

ほかにも意思決定の「落とし穴」として、「根拠のない言葉」「印象操作」「あやふやな根拠に基づく判断」「安易な単純化」「間違った論理」などがあります。（付録2 二三四頁参照）

「落とし穴」を避けるリーダーの心得

集団思考や組織的慣性

第2章で日本海軍の「人間関係」司令部として「源田司令部」の例を挙げましたが、思考傾向の似通ったメンバーからなる団結力の高いチームは、一致団結して合意形成しやすい強みがあります。

しかし、この合意形成が代替案の十分な検討を省略してなされたものであるならば、「集団思考」を警戒する必要があります。状況が変化してもチームの決定に固執したり、そのリスクを過小評価する可能性があるからです。

もう一つの問題が、「組織的慣性」が及ぼす意思決定への悪影響です。たとえば苦労して完成させた計画を、すでに組織全体が実行している場合、多少の状況変化が生じても、見直しを先送りし、既存の計画をそのまま使い続ける傾向があります。

このような「組織的慣性」から、見直すべき計画をそのまま使い続けると、前述した「計画との戦い」になってしまいます。（一三八頁参照）

軍令部の反対を押し切って連合艦隊が計画したミッドウェー作戦の図上演習で計画の欠陥が

露呈しても、宇垣参謀長が「そうならないように注意するから心配ない」と押し切ったことや、作戦の重要な前提条件がいくつも変化しているのに黒島参謀が計画の修正をしなかったことなどは、「慢心」に加えて「組織的慣性」の影響がありました。

この「慢心」は個人だけでなく組織でも起こります。自信過剰と独善に陥った組織は、自分たちの分析には間違いがなく計画どおりに実行できるものと考えがちです。状況の変化に鈍感になるばかりか、自己を過信し、相手を下算するようになり、ついには油断や驕りが生まれます。

作戦の経過が順調であればあるほど、この傾向は組織の中に驚くほど速く広範囲に拡がります。危急に際して部下はリーダーの顔色を見るといわれますが、リーダーの言動ひとつで不安や恐慌が部隊内に拡散するのに似て、この「慢心」もリーダーの言動による影響は極めて大きいものがあります。

癖のあるスタッフの取り扱い

前述した「人間関係」司令部では、スタッフのメンバー構成が意思決定に悪影響を与える可能性があります。これにはいくつかの典型的なパターンがあります。

まず、チームのメンバーを感化して独自の意見を押し通す「信念の人（頑固な人）」です。

彼らがチームに良い影響を与えることもありますが、時間的制約があるなかでは、最も声の大きいメンバーや、持説に固執するメンバーに仕方なく妥協してしまう「誤った合意」が生じる危険があります。

また、雄弁なメンバーが、言葉巧みに反論しにくい主張を繰り返し、合理的な反対意見を抑えてしまう「弁舌の優越」もあります。

メンバーの選定やチームの構成に注意するとともに、スタッフの「押し」の原因の一つとなるリーダーの「お墨付き」の与え方は慎重でなければなりません。

毎夜、山本五十六長官の将棋の相手をした参謀たちが勉強不足になり、それを埋めるようにして押しの強い人間になる傾向が生まれた事例があります（八一頁参照）。その一方で、参謀たちを束ねて長官を直接補佐すべき宇垣参謀長が意思決定プロセスから除外されがちだったことも忘れてはなりません。チームの編成においてメンバーの選定は最も注意すべき問題であり、リーダーたるもの、好き嫌いでメンバーを選定すべきではありません。

さらにリーダーは、部下の専門性も把握しておく必要があります。俗に「専門バカ」という言葉があるように、人は特定の分野の知見が深ければ深いほど関係する情報に集中してしまい、それ以外の新しい情報を受け止めにくくなる傾向があります。これを「専門性パラドックス」といいます。専門外の情報の軽視や見落とし、誤解釈があり得ることをリーダーは常に認識していなければなりません。

指示の出し方と関心の示し方

リーダーの指示の出し方や関心の示し方によっても、意思決定は左右されます。とくに検討課題の枠組みの当てはめ方は重要で、それ次第で課題の理解に影響を与え、解決のための選択肢も変化します。

第3章で、X軍に不法占拠されたC島を奪回する「C島奪回作戦」を例示しましたが、このC島が経済的価値のない無人島だったらどうでしょうか？　経済的価値や住民の有無という観点からは大きなリスクはとりにくいものの、国際秩序や国家威信という枠組みで考えれば大きなリスクにも大義名分が立ち、軍事作戦などのオプションも現実味を帯びます。

どちらの枠組みを当てはめて考えるかは大きな問題で、これは「枠組みの罠」といわれています。

また、視野の広さも必要です。リーダーがある課題の解決策を部下に検討させる場合、リーダーの関心事や優先度を示すことで、検討に「偏り」が出る可能性があります。これは「政策バイアス」といわれるもので、十分な注意が必要です。

「上司思考」という問題もあります。これは、チームがリーダーの欲している結論を知っている場合、「（上司の）結論ありきの検討」をしてしまうことです。平時の事務処理では、このような幕僚を「重宝」する上司がいないとも限りませんが、有事に通用しないのは当然です。

連合艦隊司令部において、本心を明確に言わない山本長官の考えを参謀たちが間違って推測した事例があります。

真珠湾攻撃後の作戦方針として、ドイツと手を結ぶためのセイロン攻略を参謀たちは立案したのですが、「普段の山本長官の言葉の端々から」そうでないことがわかり、あわてて英国艦隊撃滅のためのセイロン攻略に作り直しました。

吉田俊雄は「ウソのような話だがホントウである」とあえて断わっています。これは「上司思考」に振り回された一例です。

レッドチームと悪魔の代弁者

合理的思考と批判的思考の両輪

「左警戒、右見張れ」という軍艦の見張りの教えを例に、合理的思考に加えて批判的思考が必要なことを述べました。（四〇頁参照）

チームで進める意思決定プロセスにおいて、論理的思考（ロジカルシンキング）を積み重ねても、前述したように各種の意思決定の「落とし穴」があることから、適宜のチェックが必要です。また、プロセスの結果として得られた結論であっても、それを採用するかどうかはリーダーの決断によります。そして、この時リーダーの下した判断や直感が健全なものかは別途、確認する必要があります。

これらのチェックや確認のために使われるのが、「レッドチーム」や「悪魔の代弁者」などの批判的思考（クリティカルシンキング）の手法です。

建設的異議を唱える「レッドチーム」

意思決定における「集団思考」の弊害を取り除く手法として、広く用いられているのが「レッドチーム」です。

独立した「レッドチーム」は、敵を含む他者の立場から意思決定プロセスをサポートします。誤った思考傾向や先入観、集団思考や不正確な類推があればチームに再考を促し、独創的な代替案を提案します。

この時「レッドチーム」はさまざまな分析手法を用いた「批判的検討」を行ないます（付録3 二三六頁参照）。検討の視点と解決策の幅を広げ、リーダーが最終決断する前に判断の誤りや弱点を明らかにします。図上演習やシミュレーションでは、対抗相手を演ずることもあります。

「レッドチーム」は、次に述べる「悪魔の代弁者」とともに、あえて「天の邪鬼《あまのじゃく》」の役割を担いながら、「建設的な異議」を唱えます。

悪魔の代弁者

「悪魔の代弁者」(付録1 二三三頁参照) は、「レッドチーム」を含めて意思決定に関わるリーダーやスタッフが心に留めて実践すべき「警句《けいく》」「箴言《しんげん》」です。

一読してわかるように、より良い案を示すことではなく、意思決定プロセスにおいて提示される「仮定」「評価」「解釈」などに対して、あえて異議を唱えることで、自問させ再考する機会を与え、代替案を検討させようとするものです。

得られた結論をいったん棚上げして、バイアスを排し、鍵となる情報を再検討することで、考え方の枠組みを見直し、分析・計画作業の適正化を図ります。

意思決定プロセスにおいて、反対意見もなく円滑に合意形成がなされたり、特定の考え方に影響されている可能性のある時は、この「悪魔の代弁者」の警句はとくに有効です。

第5章　リーダーの資質と個性

これまで「海軍式」リーダーシップやチームワークの考え方、太平洋戦争における意思決定の問題点、それを克服するための意思決定の仕組みやスタッフ組織のあり方を見てきました。

本章では、リーダーに求められる資質や個性、役割について、日本海軍の事例を引きながら考えてみます。

リーダーに求められる資質

「知識」と「見識」

まずリーダーに求められる資質です。数あるリーダー論の中から、海軍大学校でも教鞭をとった陽明学者の安岡正篤《やすおかまさひろ》を取り上げます。リーダー論というと、伝記などを含め海外の著名人のテキストが多いなか、安岡の著作は日本人として深く共感できるものであり、有益な示唆を与えてくれます。

そのうちの一冊、『活眼活学《かつがんかつがく》』の中で、指導者に求められる資質として「知識」「見識」「胆《たん》識《しき》」「節操」の四つを挙げています。これらの資質は、筆者がさまざまなリーダーから学んだものとぴったり重なるものです。ここではこの四つを切り口にして論じます。

まずは「知識」です。真面目に仕事をしていれば、早い遅いの差はあってもある程度は身につくのが知識やスキルです。これがなければ「プロ失格」ですが、これだけでは行動する力にはなりません。

「知識」を行動する力に変えるのが「見識」です。「見識」は、リーダーが決断する際の洞察力、信念、リスク感知能力、他者への共感力から生まれます。

佐久間艇長の遺書

明治四三年、岩国沖で訓練中の第六潜水艇が沈没しました。佐久間勉艇長（海兵二九期）の「小官ノ不注意ニヨリ陛下ノ艇ヲ沈メ部下ヲ殺ス、誠ニ申訳無シ……」という遺書で今日もなお語り継がれる事故です。当時この遺書は日本中に同情を巻き起こし、遺書の全文を刻印した記念碑の建立が計画されました。

これに対し、呉鎮守府長官の加藤友三郎（海兵七期、のち海相、首相）は、「眼の前に死の迫り来るこのような場合において遺書を認《したた》めた艇長の慎重なる態度には誰も異議がないだろうが、一面において遺書を書くだけの余裕があるなら、まず艇を浮き揚がらせるための手段にお尽くすべき事はなかったか。この遺書にあまりに同情を表することで将来同じような場合に、まず遺書を認め、しかるのちに本務に取りかかるという心得違いの者が出てくる恐れはないのか」と異議を唱えました。

これは大勢が同情論に大きく傾くなか、海軍の将来を見据えた「見識」を示したものといえます。結局、完成した碑文に遺書の刻印はなく、平時の訓練における殉職でその「栄誉」を称えられた例は、佐久間大尉以降ありません。

「見識」を実行するための「胆識」

加藤長官の場合のように、「見識」は一般の意見と異なることも多く、反対や抵抗を受けることがあります。安岡は、「いろいろの反対、妨害等を断々乎として排し実行する知識・見識」、すなわち「胆識」が必要であるといいます。

リーダーとして何かを実行しようとすると、それが物事の本質論や深い洞察から生じたものであればあるほど、一般の理解を得るのは容易ではなく、さまざまな困難に出会うものです。この時、リーダーには安易な妥協や迎合をしないこと、相手を粘り強く説得、翻意させることが求められます。そうでなければ、せっかくの「良識」があっても行動に移せず、かえって「優柔不断」「日和見」といった評価を受けることになります。

沈勇の智者

加藤友三郎のエピソードをもう一つ紹介します。

大正一〇年の皇太子御訪欧の準備で、最も問題になったのが、御召艦《おめしかん》「香取」に搭載されている弾火薬でした。当時、海軍では弾火薬の爆発事故で多くの殉職者を出していたため、皇太子乗艦中の万一の事故が心配されていたのです。東宮大夫《とうぐうだいぶ》からは、加藤海軍大臣に御召艦の弾火薬を卸してくれとの申し入れがなされました。

大臣が「武器のないようなものは軍艦ではない」とはねつけると、東宮大夫からは「それでは商船で参ることにしよう」との返答でしたが、大臣はこれに対し、「軍艦に関しては、当然海軍大臣の全責任だ。東宮大夫の職責権限外だ」と断じ、東宮大夫の反対を封じたのです。

加藤大臣は、このように事の本質、職務権限などに関しては、実にはっきりしていました。ただ、大臣もこう言い切ったからには、その責任は重い。そこで呉火薬試験所に命じて、「香取」から毎日報告される弾火薬庫の温度、湿度、気圧と同じ条件に火薬試験片を置き、少しでも異状を認めたら直ちに「香取」に命じて海中に投棄させるという処置をとりました。加藤大臣が、胆力があり用意周到で、「沈勇の智者」といわれたゆえんです。

井上成美の遺書

リーダーに求められる資質の四つ目は「節操」です。安岡は、平素から永続性のある理想あるいは目標を持っていることを「操」、仕事をするにあたってのきびきびした締めくくりを「節」といい、両者を合わせたものが「節操」であるといっています。

多くの人を巻き込んで一定の方向に導く役割を担うのがリーダーです。そのためには「ビジョン」や「志」が求められます。ふだんからどのような「志」を持つか、それがリーダーの人格を形作ります。

昭和八年、海軍省に対する軍令部（天皇に直属し海軍全体の作戦を統括）の権限を大幅に拡大しようとする規則の改正問題が持ち上がり、激しい議論となりました。軍令部は南雲忠一大佐（海兵三六期、のち大将）で、これに反対したのが、海軍省の井上成美《しげよし》大佐（海兵三七期、のち大将）でした。

ある日、南雲が「井上！貴様のような訳の解らない奴は殺してやるぞ」と怒鳴り込んできたため、井上は「やるならやってみよ。そんな嚇《おど》しでへこたれるようで職務が務まるか」と、おもむろに引出しから出して見せたのが遺書でした。井上は「俺を殺しても俺の精神は枉《ま》げられないぞ」と応じたのです。

しかしその後、反対派は切り崩され、最終的に井上課長だけが残されました。局長からは「枉げてこの案に同意してくれないか」と迫られましたが、「自分が正しくないと云うことに同意しろと言われるのは、この井上に節操を捨てろと迫られるに等しいのです。この案を通す必要があるなら一課長を替え、この案に判を押す人をもってきたら良いと思います」と応じました。日を措《お》かずして井上課長は交代、更迭されました。その後の海軍においては、軍令部の力が増し、国の大事に対してブレーキ役となる海軍省の力が弱くなっていったのは歴史の示すとおりです。

四つの資質の使いどころ

これまで「知識」「見識」「胆識」「節操」というリーダーに必要な四つの資質について述べました。これらの資質は、リーダーにとってどれも大切なものですが、これらを同時に満たせといわれてもそうそうできるものではありません。一般人としては、自分の置かれた立場で最も必要とされる資質を見極め、それに対して努力を傾けることが重要です。

日本海軍では、若手の尉官の頃は、多少の失敗があってもファイトがあれば大目に見られ評価されていました。まずはプロの第一歩として知識や技能を蓄える時期ということでしょう。中堅幹部である佐官になると、頭の良い、よく気のつく、俊敏、カミソリ、切れ者といったシャープさ重視の「幕僚的人物」が評価されたといわれています。

さらに艦長や司令官などの高級幹部になると、多数の部下を感化して成果を上げさせる統率力、人柄といった「人間的魅力」が重視されました。

このような人物評価の重点を見ると、海軍として階級や配置ごとにどのような資質を期待していたかが分かります。当面の仕事を覚えて技能を習得しなければならない若手幹部が、見識や胆識を語ったところで誰からも相手にされないでしょう。中堅幹部としては然るべき見識を持ち合わせてこその中堅です。高級幹部でありながら胆識や節操がなければ戦う組織は成り立ちません。これらは今日にも通用する考え方です。

したがって、有為なリーダーを目指すのであれば、現在置かれた配置においてベストを尽くすことはもちろん、将来のリーダーに求められる資質を見据えて研鑽を積まなければなりません。進級や配置の異動は、ある日突然言い渡されるわけですから、いわば先行的にその資質の充実を図らなければならないことになります。

私たちはよく「二段階上の立場に立って自分の仕事をせよ」とか、「先輩の処置、判断の見取り稽古を怠るな」といわれました。これは、異動のたびに一段階ずつ上がり、現場部隊と中央官署を往復するようなキャリアパスを前提に、次に戻ってきた時のために、二段階上の仕事や立場を意識し、将来の配置に備えての修練を怠るなという教えだったと理解しています。

「感性のリーダー」か「理性のリーダー」か

指揮官に求められる相反する特質

リーダーの個性に関してさまざまな見方がありますが、よく「理性の指揮官」とか「情の統率者」というように対比して語られることがあります。ここでは「理」と「情」の二つの面からリーダーの個性について考えてみたいと思います。

理性とは、「道理に基づいて考え、判断し、行動する能力」です。判断能力、問題解決能力、ビジョンを提示し語る能力、行動する能力が重要です。

一方、感性とは、「印象を受け入れ反応する能力、感受性」です。人の心を感じる能力があるかどうか、人間について理解することに熱意を持っているかどうかが問われます。

リーダーの人格や気質は千差万別ですが、「感性」と「理性」の割合がリーダーの個性とリーダーシップのスタイルを形作る基本的な軸だと思います。

古代ギリシャの哲学者ソクラテスは、「指揮官は、敵にとっては悪魔であり、味方にとっては天使である」と表現しました。また彼は、「（将軍は）奇策縦横で活動的で注意細密で剛毅で機敏でなくてはならず、柔和であるとともに残忍であり、率直であるとともに策謀的であり、慎重であり狡獪であり、浪費的であり、掠奪的であり、気前よしであり、欲深であり、用心堅固であり攻撃的であり、その他たくさんのことに、あるいは生まれながらに、あるいは学習によって、（中略）練達していなければならぬ」と語っています。

これは、指揮官の人格や気質には、常にこうでなければならないという一定の「型」があるわけではなく、状況に応じて相反する特質を発揮しなければならない、ということを表した言葉です。この使い分けについては、「リーダーの役割」（第6章）と「平時と有事の違い」（二〇九頁参照）として後述します。

重要なことは、理性だけでも感性だけでも不十分で、両方を状況に応じてバランスよく発揮することです。

指揮官の個性は千差万別で、さまざまな長所と短所が人格を形作っています。そしてどんな長所も行き過ぎれば短所となり、短所も一定程度であれば人間的魅力につながります。

ここでは、海軍の代表的なリーダーの中から「感性のリーダー」として山本五十六を、「理性のリーダー」として井上成美を取り上げて、それぞれ作戦面、部下の統率面について比べてみます。

山本五十六の「情」

山本五十六は、開戦を前に「到底尋常一様の作戦にては見込み立たず」と考え、「理外の理（常識では説明のできない道理）」として発想したのが真珠湾奇襲攻撃でした。

この奇襲作戦は、それまでの考え方とはまったく異なるものだったため強い反対を受け、山本は「この作戦が認められない場合には、長官の職を辞する」との「脅し文句」まで使って軍令部に認めさせたほどでした。

奇襲作戦は開戦初日に「大戦果」を上げましたが、米国を「リメンバー・パールハーバー」との合言葉で総力戦に立ち上がらせて敗戦の原因の一つとなりました。

その半年後のミッドウェー作戦で、山本が計画したのが「戦艦の活用」でした。これは、計画段階からその有効性が疑問視され、実際、この海戦で戦艦が活躍することはありませんでした。

作戦立案に際して山本は、「情だよ。いま国民は、食うものも食わずに、われわれに食物を与えてくれている。国民は、長官がいつも先頭に立っていると思っている。柱島（泊地）などに、どうして、おれるか」と語っています。

この「情」とは、自ら戦艦「大和」で前線に出て、開戦以来一度も戦場に出してもらえなかった低速の戦艦群も作戦に連れて行き、彼らの士気を高めるということでした。

井上成美の「数理と情報」

一方の井上成美は、作戦関係の勤務は少なかったにもかかわらず、大佐時代に海軍大学校の戦略教官を務めています。井上は、「あらゆる予断と希望的観測を排して数理と情報を大切にせよ。旧套墨守《きゅうとうぼくしゅ》はやめて新時代に即した独創をはかれ」として、それまでの研究とはまったく異なる理論的な戦略論を展開しました。

この井上の方針に対しては「戦訓を基礎におかないと机上の空論になる」「精神力や術力を除外して数理だけを弄《もてあそ》ぶと士気に悪影響を及ぼす」など、かなりの批判がありました。

さらに井上は航空本部長の時に「海軍の空軍化」を唱える「新軍備計画論」を提言しました。これは極めて先見性があると評価される一方で、開戦を控え切迫した時期でありながら、肝心の航空本部長としての重責をどう果たすかについてほとんど触れられていないという現実離れした面もありました。

作戦現場での井上の対応はどうだったのでしょうか。井上が第四艦隊司令長官時代、南方のツラギ島を占領した翌日に敵の艦載機の攻撃を受けたことがありました。この時、連合艦隊参謀長は、「敵は相当にわが情況を偵知した後の攻撃と認められる」とすぐに反応したのに対し、「情報を大切にせよ」と言っていた現場の最高指揮官である井上の対応が記録に何も残っていないのです。もし、井上がタイミングの良すぎる敵の攻撃を徹底的に追究していたら、敵が日本海軍の暗号を解読している可能性に行き当たったのではないかといわれています。

このように「理外の理」を生み出したり、「情」を作戦に持ち込む山本五十六の発想は、理詰めの思考というより「感性」から生み出された作戦構想といえます。対する井上成美の思考は「理」に基づくものであることは明らかです。

作戦の構想は「理性」に基づくべきですが、作戦現場では「感性」を発揮しなければ勝機はつかめません。元連合艦隊参謀の千早正隆は、その著『日本海軍の戦略発想』において、「『機を見るに敏』とか『機先を制する』という言葉がある。ここでいう『機』とは、人の五感では捉まえ得ない気配のことである。それは理性では感応できない、鋭い感性によってのみ感じることができるのである」と述べ、「戦場における感性」の重要性を指摘しています。

部下を思う山本の真心

山本五十六は、元来「情の人」であり、それを「理性の衣」で包んでいたといわれています。

山本が空母「赤城」の艦長時代、着艦に失敗して飛行甲板をオーバーランしそうな飛行機を見るなり、全力疾走してその尾翼にしがみつき、ズルズルと引きずられたことなどは、海軍始まって以来の珍事でした。

その後の第一航空戦隊司令官時代でも、未帰還機が出た時の心痛の様子、反対に漁船などに助けられ搭乗員が生還してきた時の喜びようは語り草になっていました。

司令官室には、殉職した搭乗員の名前を書いて貼りつけ、黒表紙のポケットノートに、細かい字で殉職者の氏名、出身地、遺族の状況を書きつらね、折にふれてはノートをひろげ、唇を動かしながら読み、読んでは瞑目《めいもく》していたといわれています。

このような山本の部下を思う真心は、直接接した者はもちろん、伝え聞く者たちの中にも、「この指揮官のためならば」という気持ちを起こさせたことは想像に難くありません。

配慮を欠いた慰労会

井上成美の部下統率には、作戦面で見られたのと同じような感性の薄さがうかがえます。

第四艦隊司令長官の時の「事件」です。第二次ソロモン海戦を終わってトラック島に帰ってきた空母の搭乗員士官を、井上長官が料亭「小松」に招待したことがあります。呼ばれた士官たちは、宿敵の米空母の息の根を断つことができなかったばかりか、僚艦の空母が沈められ気が荒立っていました。防暑服がなく硝煙とガソリンの匂いが染みついた飛行服姿の者さえいました。

一方、招待主の井上は麻の白絣《しろがすり》、薄鼠《うすねず》の袴《はかま》に白足袋という装いで、命をかけて戦ってきた空の戦士を慰労する雰囲気とはかなりかけ離れていました。少し酒が回ったところで、飛行隊のトップたちが井上の前に出て挨拶しました。以下、阿川弘之著『井上成美』から引用します。


少々酒の気の廻つた高橋大尉は、グラスを片手に立ち上がつた。

「長官、頂きます」

井上の前へ坐つてコップを突き出し、幕僚のついでくれたビールをわッと、夏袴の上からひつかけた。

村田重治少佐、関衛少佐、「ショッペイ」こと山田昌平大尉ら荒武者どもも出て来て、井上の前へ並んだ。

「頂戴します」

「長官、頂戴します」

と、中の一人二人が高橋と同じことをやつた。

井上は姿勢も変へず、顔色も変へなかつた。僅かに唇を歪めて一と言も口をきこうとしなかつた。航空参謀が何か制止するやうなことを言ひ、副官があわててハンカチを出し、女どもがタオルを取りに走つた。

千早正隆は次のように述べています。

明日の運命さえ分からない戦士を、平安朝の公卿《くぎょう》のような態度で接せられては堪らない気持ちにさせられたであろう。事実、その後にトラックを出撃した彼等は、十月二十六日の南太平洋海戦で、村田と関は戦死し、高橋は不時着したが幸いにして救助された。そのような運命をもつ戦士をねぎらうにしては、井上はいささか配慮が欠けていた。もし彼が防暑服を着て、オールド・ブラック・ジョーなどを歌ったならば(戦後に彼は村の子供らに歌って聞かせていた)、雰囲気はずいぶんと変わっていたであろう、と惜しまれる。

「理」と「情」のバランス

論理的な思考によらない作戦は作戦とはいえませんが、そこに敵を欺くような発想を盛り込むには「感性」の助けも必要です。これは、作戦実行の現場においても同じことで、「理性」に基づく「指揮」をとりつつ、「感性」を発揮して勝機をつかまなければ勝利は得られません。

リーダーの資質には「指揮能力」に加えて人の心を動かす「統率」が不可欠です。

「作戦は人なり」という言葉があるように硝煙の中で作戦を成り立たせているのは人であり、その闘志です。その力を最大限に発揮させるのは「感性」であり、そのためには指揮官に「情の統率」がなければなりません。

部下から尊敬され、信頼される指揮官でないと部下を自発的に服従させることは困難です。ただこの時、「情の統率」といいながら、得てして「好かれる指揮官」に走りがちなので注意が必要です。これはリーダー論の終生のテーマでしょう。

第6章　リーダーの役割

リーダーの五つの役割

リーダーシップのスタイルを考える時に基本となるのが、リーダーが果たそうとする役割です。リーダーにはさまざまな役割がありますが、海軍の先輩は、「象徴」「決裁者」「先輩・教育者」という三つの役割を、場面や相手に応じて正しく使い分けなければならないと教えています。

本章では、これに「改革者」と「執行者」の二つを加えて、五つの役割から考えます。

「改革者」と「執行者」を加えたのは、海軍でみられたリーダーシップの欠点を補うためです。リーダーには単に「決裁者」としてだけでなく「改革者」としての役割も求められます。

また「執行者」としての役割も、前述したスタッフ組織と意思決定の仕組みをうまく機能させるために必要です。

言うまでもなく、作戦や事業を実行するにあたり組織全員の心を奮い立たせ、努力の方向性を統一するのが「象徴」としての役割です。「先輩・教育者」として尊敬や信頼を得ることも「象徴」としての役割強化につながります。

このように五つの役割は相互に関連しており、リーダーの立場や環境に応じて使い分けや重み付けをすることで、「自分式リーダーシップ」のスタイルを確立できるのです。

組織の「象徴」たれ!

リーダーにふさわしい風貌

リーダーというものは、外に対しては組織を代表し、内に対しては組織の核となり、気風、慣習、道徳、価値観の規準として士気の根源になるものです。これらは「象徴」としての役割です。

象徴としてのリーダーの風貌、挙措《きょそ》(立ち居振る舞い)、言葉などは、そのまま組織の印象や評価を大きく左右するので、ゆるがせにできないものです。

米内光政(海兵二九期、のち大将、海相、首相)は、同期生からは「グズ政」とあだ名され、候補生の時は「牛のような奴」と艦長にいじめられたりしました。平凡な彼が見いだされ、海軍のリーダーとなったきっかけは、いったい何だったのでしょうか？　有竹修二著『昭和の宰相』で、山梨勝之進大将（海兵二五期）にこう語らせています。

加藤友三郎元帥の葬儀のとき、海軍の儀仗隊を指揮する一人の偉丈夫《いじょうふ》を見た。それは余人でない米内であった。堂々たる体軀、端正な風貌、太い号令、厭味のない挙措、自分はなんということなしに、こういう人間が将来日本の海軍を背負うようになるのではないかと考えた。自分はそれまで米内をあまりよくは知らなかったが、それ以来米内を注意するようになった。偶然に刻まれた印象は案外当るものだ。

儀仗隊を指揮する米内を見て山梨が注目し、順次段階を踏ませて実績を見極め、将官への道が開かれていったということでしょう。

米内はたまたま偉丈夫として見いだされたのですが、リーダーに相応しい風貌は、これだというものがあるわけではありません。しかし、山梨が「なんということなしに」考えたように、リーダーに相応しい風貌には、姿かたちだけでない「持ち味」のようなものがあるのではないかと思います。

部下は指揮官の表情を見る

海軍には「海軍の将来は中・少佐の方寸《ほうすん》（胸中のこと）にあり」という言い方がありました。

ある中佐が海軍省に着任したところ、当時の課長から「君の起案した文書は何ら手を入れずに上司に上げる」と言われたそうです。これは、中佐たるもの海軍を背負って立つ「風尚《ふうしょう》」（相応しい持ち味）と気概をもって仕事をせよという意味であり、このように言われた本人はおのずと奮起したに違いありません。

この「風尚」こそ、山梨が「なんということなしに」考えた「持ち味」の一つではなかったかと思います。この中佐のように海軍省勤務でなくとも、おのおのが置かれた配置でその配置を意義あるものにしようという気構えで仕事に取り組めば、時を経て年輪を重ねるように見識や胆識もおのずと磨かれます。そして、徐々に「持ち味」が備わり、リーダーらしい「風貌」が作られてくるのではないでしょうか。

「風貌」が時間をかけて人に彫り込まれるようなものだとすれば、それを状況に合わせて相手に対して表すのが「表情」です。「顔は心の窓」という言葉もあります。リーダーの表情一つで組織は明るくも暗くもなりますし、部下たちは直接言葉を交わさずとも、その表情からリーダーの心理状態を察するのです。

これは海軍に限った話ではありませんが、危急に際しては、部下はまず指揮官の顔を見るといわれます。艦橋における艦長の不安な顔、慌てた表情は、たちまち艦内に伝染し、大げさに言えば一艦をパニックに陥れることにもなりかねません。「リーダーは努めて楽観的であれ」という教えはこのことを言っています。

形で終わらない挙措

リーダーの「挙措」も重要です。とくに組織が大きくなり、リーダーの風貌や表情に間近に接する機会のない多くの部下にとっては、離れたところから見るその「挙措」や伝え聞く「人となり」が大きな意味を持ちます。

リーダーはスタッフのお膳立てに従って動いて、動作が堂々としていればなんとか務まると考える向きもありますが、それだけでは部下を感化できません。

服装、態度の端正さ、とくにその答礼（相手の敬礼に応えて敬礼を返すこと）の厳正なことで知られていたのは山本五十六です。吉田俊雄著『四人の連合艦隊司令長官』には次のような描写があります。

暑いトラック基地で、みな軽装の、緑っぽい防暑服を着ているのに、かれだけは白服（二種軍装）の襟を正して、上甲板に立ち、戦場に出ていく艦船をかならず帽子を振って見送った。

ラバウルに進出したときには、現地の海軍病院を見舞い、入院中の下士官や兵たちを激励してまわったりした。

そのようなことは、ほかのどの連合艦隊長官もしなかった。山本長官だけのことだった。かれは、最高指揮官として必勝の策を練りながら、いつも部下将兵とともに戦う姿勢を崩さなかった。

人の情は、そのまま、まっすぐに人の心を射る。山本のことを、兵士たちまでが、

「ウチの長官」

と敬意と親愛の情をこめて呼び、

「ウチの長官がおられるかぎり、いくさは大丈夫だ。かならず勝つ」

と信じて疑わなかった。

「上、三年にして下を知り、下、三日にして上を知る」という言葉がありますが、リーダーの真情や実力は、すぐに部下に知れてしまうものです。「戦う組織」において、自らの命運を託すリーダーの能力を見極めようとするのは、部下の本能のようなものかもしれません。

この前線基地でのエピソードは、「部下将兵と苦楽を分かち合って、お国のために戦う」というリーダーの姿勢が、統率にどれほど大切なものかを示しています。若い頃から常に率先垂範し、私心のない山本の真情が部下に感得されていたからこその統率です（二七頁参照）。「形」だけではない「挙措」の力を見る思いがします。

「Z旗」と「連合艦隊解散の辞」

象徴たるリーダーが発する「言葉」の果たす役割も大きなものです。ここでいう「言葉」とは、命令のように行動を具体的に指示するものではなく、短い文章や標語のような形でリーダーの決意や考え方を組織に示すものをいいます。

このような「言葉」として最も有名なのが、日本海海戦で旗艦「三笠」のマストに掲げられた「Z旗」でしょう。

「皇国の興廃この一戦にあり。各員一層奮励努力せよ」という「Z旗」は、同海戦で大勝したため、国民の間でも親しまれることとなり、太平洋戦争においても繰り返し掲げられました。

もう一つの例が、日露戦争に勝利した連合艦隊が解散する際の『連合艦隊解散の辞』です。その中の「古人曰《こじんいわ》く勝って兜の緒を締めよと」という結びの言葉も広く知られています。この言葉は、平時における海軍軍人の心構えを説いたもので、当時の米大統領セオドア・ルーズベルトをも深く感動させ、英訳文を陸海軍長官に命じて米軍人に配布したほどでした。

独り歩きするリーダーの言葉

『連合艦隊解散の辞』が精神至上主義に影響したことは第2章で述べましたが、リーダーの言葉は、当初の意味合いやその背景となった状況が忘れ去られて「独り歩き」することがあります。

ワシントン海軍軍縮条約（一九二二年）によって、英米日の主力艦保有量の比率は、五・五・三に制限されましたが、東郷元帥は「訓練に制限なし」といって、条約に不満を持っている士官たちを諭しました。そして、その後の日本海軍は、ひたすら猛訓練に励んでいくのですが、一九二九年のロンドン海軍軍縮条約（補助艦艇などの保有を制限）によってさらに猛訓練に拍車がかかりました。

この軍縮条約による兵力不足を補うため、日本海軍では「全艦これ戦闘」とばかりに安定性を犠牲にした重武装の艦艇が建造されましたが、昭和に入って友鶴《ともづる》事件（一九三四年）や第四艦隊事件（一九三五年）など、復元性能や強度不足による海難事件が発生し、その欠陥が露呈しました。

実松譲は、当時のことを次のように回想しています。

日本海軍部内にも、明治維新いらいわずか六、七十年にして世界第三位の海軍にのしあがったという慢心が、しだいに瀰漫《びまん》（筆者注、広がりはびこること）してきていた。（中略）そのころから部内の者までも、「無敵艦隊」ということばを平気で口にするようになってきた。（中略）わが海軍、とくに連合艦隊は、なまじっか米国を敵に仕立てているうちに、真の敵であるように思いこみ、そのうえ、三国同盟の締結時ごろから、海軍部内でもプロ・ドイツ（筆者注、ドイツびいき）論者が幅をきかせるようになり、「連合艦隊は世界無敵、米国恐るるに足らず」などという威勢のいいことを宣伝し、そう信じた多くの国民もそれにおどらされた。

一方、山本五十六の親友であった堀悌吉《ほりていきち》（海兵三二期）は、スペインの無敵艦隊はイギリス海軍に敗北したではないかとして、「無敵艦隊」という言葉をひどくきらい、海軍の将来を心配したそうです。また、「訓練に制限なし」も各国共通のことであり、猛訓練で兵力の劣勢を補おう、いや補えるという日本海軍の考え方は、敵を知らず、敵を侮る慢心の兆しではないかという趣旨のことを堀は書き残しています。

部下を鼓舞し組織を引っ張る「象徴（リーダー）」の言葉は重要です。しかし、その言葉は往々にして直截的《ちょくせつてき》な標語となりがちで、時として「独り歩き」することがあります。

リーダーの号令に懸命に取り組むあまり本来の目的を忘れ、手段であるはずのことがいつの間にか目的にすり替わってしまう「手段の目的化」は、仕事に熱心であればあるほど陥りがちな罠ともいえます。このような「言葉」の力に対する「畏れ」を忘れないように心がけなければなりません。

決断と実行の「決裁者」

「やめる勇気」「変える勇気」が持てるか

リーダーの第二の役割は「決裁者」です。これはリーダーの役割の中で最も重要です。「戦う組織」のリーダーは、敵との関係から生じる不確実性や限られた情報をもとに極めて短時間に決断を下さなければならない場合があります。

さらにリーダーが適切な意思決定ができても、それを組織の方針として徹底するには困難をともないます。それは、組織内外から異論や反論が出た場合に、それらを説得し組織の結束を保ちながら実行する難しさです。

なんとか実行できても、状況によって中止したり方針を変更しなければならない場合もあります。「やめる勇気」「変える勇気」が持てるかどうか、そして、すでに動き出した組織に変更を徹底できるか、決裁者としての「胆識」が試されます。

当然のことながら、異論や反論を予想して、それらに対抗しやすくするために結論を枉《ま》げることは迎合であり、あってはならないことです。

状況が困難であったり変化が予想される場合は、あらかじめ部下に「行動の自由」を与え、「独断専行」（三七頁参照）の備えをする必要がありますし、そのための上司との十分な意思疎通が不可欠です。

このような困難な状況を克服して作戦を成功に導いた事例として「キスカ撤退作戦」を取り上げます。

延期続きのキスカ撤退作戦

一九四三年、アリューシャン列島にあるキスカ島の日本軍守備隊の撤収作戦が計画されました。指揮官は、第一水雷戦隊（一水戦）司令官木村昌福《まさとみ》少将（海兵四一期）。この作戦は濃霧に隠れて行動することが成功の絶対条件で、電波探知機を装備した最新の駆逐艦を増強したり、気象予察のための専門家を配員したりするなど万全の準備がなされました。

突入予定日を七月一一日と計画しましたが、海霧は薄く米軍の活動も活発だったため三回延期されました。燃料も尽きかけた四回目、各艦長からの作戦断行の強い意見具申を退け、木村司令官は「帰ればもう一度来ることができる」と延期を決断しました。

この延期に対しては、救出を待つキスカ島守備隊を深く落胆させたばかりか、上級司令部から「戦争に危険は当然」「燃料の逼迫が判らないのか」「一水戦には肝がない」などの厳しい批判が浴びせられました。

濃霧の季節も終わりが近づき、燃料はあと一回分しかないことから、「次はない。一水戦だけに任せておけない」との切迫した状況となり、再出撃時には直属の上級指揮官である河瀬四郎中将（海兵三八期）が現場の直接指揮を執ることになりました。

再出撃前の打ち合わせでは、「河瀬長官の直接指揮は一水戦に対する不信任ではないか」などの激論が交わされましたが、最後は木村司令官の「わかりました」の一言で「人の和」が保たれました。作戦は、米艦隊のわずかな隙をぬって、キスカ守備隊五一八三人全員を撤収させることができ、「太平洋海戦最大の奇跡」といわれました。

奇跡を起こさせたもの

この作戦を成功に導いたものとして、第一に木村司令官の周到な準備と合理的な判断が挙げられます。熟練の駆逐艦乗りであった木村は、電波探知機などの最新装備を活用し、大学出立ての気象専門家、橋本少尉を全面的に信頼して、重圧のもと繰り返し延期の決断をした合理的な「決裁者」でした。

第二は、木村がさまざまな圧力や批判のあるなかで部隊をまとめ上げ実行に移す「胆識」を持っていたことです。彼は、温厚沈着、不言実行型のリーダーとして部隊の信頼を集めていました。再出撃前の打ち合わせで言いたいことをすべて吐き出した部下たちは、最終的に「木村司令官のために戦おう！」と誓い合ったのです。

出撃後には、まさかの衝突事故も起きましたが、「これだけの事故が起こるほどだから、霧の具合は申し分ないということだ。結構なことではないか。なぁ艦長！」と語りかけ、皆の重圧をやわらげたりもしています。

最後に上司のあり方にも触れます。この作戦で現場の直接指揮を執ることになった河瀬中将は、木村少将を信頼して任せていただけに苦衷《くちゅう》を味わったと思います。河瀬の指揮は一水戦の突入時期の判断までで、その後は後方に避退するという変則的なものだっただけになおさらでした。

実は河瀬中将と木村少将は専門や出身地が同じで、縁戚関係にある熟知の仲でした。相互の深い信頼関係があったからこそ、変則的な直接指揮を執らなければならなくなった河瀬中将の苦しい心中を、木村少将も理解し淡々と受け入れたと思われます。

上司として部下の指揮官を信頼して任せきることができるか、手出しや口出しをしたくなる誘惑に勝てるか、そのうえで必要な時には支援の手を差し伸べられるか、これらはなかなか難しいことです。状況が困難であったり、現場の情報が少ない場合などとくにそうです。このような場合には上司もまた部下指揮官と同様に胆識が試されます。

指揮官の孤独

「指揮官の孤独」について再度触れます。真珠湾攻撃直前、この奇襲作戦の中心となった第一航空艦隊南雲忠一長官と草鹿龍之介参謀長のやりとりです。出撃前最後の作戦打ち合わせで、日米交渉が妥結した場合には攻撃隊を引き返らせるという山本長官の方針に対し、不可能だと反発した南雲は、ならば辞表を出せと迫られて沈黙したのでした。

南雲艦隊が千島の単冠湾《ひとかっぷ》を出てしばらくしてからのことです。

「参謀長、君はどう思うかね。僕はエライことを引き受けてしまった。僕がもう少し気を強くしてキッパリ断ればよかったと思うが、いったい、出るには出たが、うまくゆくかしら」

「大丈夫ですよ。かならずうまくいきますよ」

草鹿が答えると、南雲は、

「君は楽天家だね。羨ましいよ」

と肩を落としたという。

南雲長官に本当に自信がないならば、職を賭してでも作戦の中止を具申する勇気を持つべきでした。作戦発動となり、計画に万全を期したあとは、統率上からも毅然たる態度を保つべきです。指揮官として多くの不安や迷いを生ずるのは当然です。「チーム」の補佐はあっても、最終的に一人で耐えるのが「指揮官の孤独」です。

作戦を発動したのちに指揮官が不安を示すことは、いたずらに部下の不安と動揺を招くだけで、勝利のための前提を自ら危うくすることになり、統率上最も避けるべきこととされています。

連合艦隊の宇垣参謀長は、日記に次のように記しています。

南雲長官、特別任務に対しては格段の心配のようなり。（中略）あれも心配、これも気がかりにては職はできぬなり。六〇％以上の成算あらば、不運なる場合の手立てを練り置きて、勇猛果断、実行に当たるべし。

部下に自信を与え、油断を戒める

平易な状況下で合理的な判断を下すのは難しいことではありません。しかし、キスカ撤退作戦のような薄氷を踏むような状況で当初の作戦方針を堅持しつつ、内外の圧力・非難に屈することなく部隊の団結を維持し、状況の変化を合理的に判断して最終的に作戦を成功させたことは「奇跡」と呼ぶにふさわしいものです。

「戦う組織」のリーダーたるもの、木村司令官の胆識を銘記すべきだと思います。

有事において、部下の意見をまとめて合理的な判断を行なう。このためには、ふだんから部下の意見を受け止める包容力を示して、部下が意見を出しやすい環境を作り、意見の違いがあっても解決できる相互理解と信頼関係を作ることが重要です。

この関係は、作戦実行の段階でリーダーの意図を部下に徹底させることにもつながります。いったん方針が定まったあとは、指揮官は心配や迷いがあっても、部下の動揺を誘ったり自信をなくすことがないよう毅然とした態度をとるべきです。部下が成功するかどうか半信半疑な時は自信を与え、油断が見られたら引き締める、これが指揮官の重要な役割です。

変化を恐れぬ「改革者」

過去の成功体験を疑う

リーダーに求められる重要な役割に、改善・改革があります。決裁者が現状から得られた複数の選択肢の中で決断するのに対し、改革者は現状を否定して新しいやり方を考えるという点で両者は異なります。

さらに言えば、改善と改革も違います。改善は基本的に現状を出発点としてリスクを局限しながら物事のやり方を変えることで、改革は現状の否定であり、一定のリスクは覚悟のうえで新しいやり方を採用することです。

改善は普通のリーダーやスタッフでも可能ですが、改革はトップリーダーしかできません。改革とは、組織の存亡を左右しかねない極めて重要なものです。過去の成功体験や判断を疑い、場合によっては否定して新たなやり方を探るため抵抗や反対も多く、まさに胆識を備えたトップの仕事です。

この困難を可能にするのは、トップリーダーの優れた資質に加えて、問題意識を持ち批判的思考を受け入れる組織の風土があるかどうかにもかかっています。

問題がないのは恐ろしいこと

改革を成し遂げるリーダーや組織とはどういうものでしょうか。スタッフのお膳立てに頼り、お神輿に乗り、和を尊び、前動続行の姿勢で大過なく自分の職務を遂行しようとするリーダーのもとでは改革は起こりません。このようなリーダーが率いる組織では、挑戦もなく日々決められた業務を繰り返すだけですから、問題意識の持ちようがないからです。

組織の改革を成し遂げるのに必要なエネルギーは、使命感に基づく問題意識から生まれます。ある組織では、「問題を発見し、問題を創り出せ。問題がなくなった時、我々は死滅する」と強調しているそうです。成功体験を疑い、常に変化する環境へ挑戦的に取り組むリーダーとスタッフが必要です。

チームワークは重要ですが、それは摩擦を恐れない、リーダーに迎合しないものでなければなりません。問題を発見できず、取り組むべき課題に向き合わない組織は、環境の変化にのまれて消滅するか、現状維持のうちに衰退することになるでしょう。

戦艦か飛行機か？

日本海軍の主力である連合艦隊は、日露戦争以来の「砲戦による艦隊決戦」を兵術思想として、戦艦を主力とする決戦戦術の進歩に力を注ぎました。巨砲による遠距離射撃や夜間射撃などに加え、高性能の魚雷を組み合わせた訓練に明け暮れたのです。

戦艦「大和」の建造に着手したのは昭和一二（一九三七）年暮ですが、この頃には大艦巨砲主義の絶頂期を迎えようとしていました。このような在来型の連合艦隊を最終的に仕上げたのは吉田善吾長官（海兵三二期、のち海相）でした。いうなれば彼は旧来の兵術路線上で改善を図ったリーダーといえるでしょう。

そのあとを継いで、昭和一四年八月、連合艦隊司令長官になったのが山本五十六です。開戦の二年四か月前のことでした。山本は、もともと砲術を専門とする「鉄砲屋」で、大佐になってから「航空畑」に転じ、昭和五年に航空関係のポストに就いて以来、航空軍備の改革・拡張に取り組み「海軍航空育ての親」と呼ばれました。

山本は、戦艦などの主要艦艇のみで米英と競うのはやめて、進歩著しい航空兵力を活用して決戦しよう、そうすれば現在の軍縮条約内の軍備で日本の国防は可能であるとの革新的な兵術思想を唱え、連合艦隊の訓練を行ないました。

しかし、いかに航空の進歩が著しいといっても実戦で証明されたわけではなく、どこの海軍も戦艦が主力部隊であったことから、「戦艦か飛行機か」というのは簡単に結論の出る問題ではありませんでした。

変革のタイミングを逸した日本海軍

太平洋戦争の緒戦、日本海軍は真珠湾攻撃で航空母艦と艦載機の組み合わせによる奇襲に成功し、停泊していた米戦艦群を撃沈するという「大戦果」を上げました。まさに実戦で証明されたのです。

米海軍は、この日本海軍の真珠湾攻撃により、空母機動部隊時代の到来を衝撃をもって認識するとともに、スピードの出ない旧式の戦艦群を沈められたことから、一挙に航空主兵の近代海軍に変革できました。

ところが、航空主兵の時代の到来を認識し、実戦で証明したはずの日本海軍は、その後も戦艦中心の艦隊決戦の考え方が強く残りました。このあたりのことを吉田俊雄（海兵五九期）は次のように書いています。

「実績を示せば、頑迷な鉄砲屋（砲術出身者の俗称）でも、航空が主兵であることがわかってくる」

——口でいってもわかるもんか、というようなことを、昭和九年、かれ（筆者注、山本五十六）が第一航空戦隊司令官時代、若い飛行機乗りの質問に答えていっている。だが、これは、山本の誤判断であった。実際は、（中略）海軍大学校を恩賜（首席）で出て、連合艦隊参謀長を二回、軍令部作戦部長、第二航空艦隊長官を経、戦略戦術の大家といわれた福留繁中将でさえ、「実績を示されても」航空が主兵であるとはわからなかったのである。

真珠湾攻撃直後のマレー沖海戦でも日本海軍の攻撃機が英海軍の新鋭戦艦二隻を撃沈しまし

た。恐る恐る突入した戦争でのあまりに大きい緒戦の勝利でした。この結果、「米英恐るるに足らず。南雲機動部隊は史上最強である」という敵に対する過小評価、味方の過大評価という楽観が生じたことにより変革の気運が失われたともいえるでしょう。

さらに悪いことに真珠湾攻撃の「大成功」により油断と驕慢《きょうまん》が生まれ、そのわずか半年後にはミッドウェー海戦で大敗を喫し、虎の子の空母機動部隊の大半を失い、戦争の大勢が決まってしまいます。加えて、この歴史的な大敗も大本営発表で隠されたことから、一般国民をはじめ航空機の大増産をすべき産業界もこの危機感を共有できず、さらに変革が遅れたのはまさに悲劇的でした。

「現状の大艦巨砲主義は続き、将来もこの延長線上にある、あるいは変化するとしても改善で対処できる程度のペースだろう」と考えてしまう、まさにこれが「現状維持バイアス」（一三六頁参照）です。

また、巨額の予算で建造した戦艦群を無用の長物と化してしまう大艦巨砲主義の放棄は、失敗した大きな投資（埋没費用）を「損切り」することになり、どんな状況であれ容易な決断ではありません。これが「埋没費用バイアス」です（一三六頁参照）。私たちには、このようなバイアスがあることを踏まえて、変革のタイミングを逃さないようにしたいものです。

こんがらかった連合艦隊

日本海軍は大艦巨砲主義から脱却できませんでした。しかし、山本五十六長官は、艦隊決戦、邀撃作戦をやめて空母機動部隊による真珠湾奇襲という独自の対米作戦構想を練って、作戦を指導しようとしました。

このようにまったく新しい構想であるにもかかわらず、山本長官は、部下指揮官に積極的に説明することはありませんでした。当時の海軍において、この構想は突出的でした。吉田俊雄は著書『四人の連合艦隊司令長官』で、「海軍は、連合艦隊を含めて、すっかりこんがらかった」として、次のように述べています。

誰もこの作戦の目的と意義を理解できず、それぞれ自己流に解釈し、あるいは血も凍る冒険性に気押されて、必死にしてのけただけだった。（中略）南雲部隊は、その手で米海軍の咽喉元を締め上げながら、途中でサッと手を離し、はじめの腹案どおりに帰ってきた。（中略）草鹿参謀長の引き揚げの弁だ。

「なぜ大巡（筆者注、大型巡洋艦）以下の残敵を殲滅しなかったかとか、工廠、重油タンクを壊滅しなかったかとか、戦争の主力である空母を徹底的に探し求めて壊滅していたら東京空襲はなかったとか、いろいろ専門的批判もあるが、私にいわせれば、この際、これらはいずれも下司《げす》の戦法である」

草鹿という人は、剣の達人で、禅にも通じていた、といわれる。

「ただ一太刀と定め、周密な計画のもとに手練の一太刀を加える」

という「一太刀」主義だ。一本勝負の艦隊決戦には適当だろうが、山本の「戦争」思考による作戦指導には、まるで合わない。レスリングやボクシングのように、与えられたチャンス（場所と時間）を、ゴングが鳴るまで、のべつ幕なしに闘いつづけるアメリカ方式でないと、総合効果はあがるまいが、かれは、それを宗教的、むしろ芸術的方式で闘おうとしていた。自分の方式のほかは、すべて下司の戦法として蔑視しながら。

意思疎通を怠った山本五十六

山本長官は、海軍省勤めや軍政畑出身によく見られる、本音を容易に明かさずブラフや皮肉で煙幕を張る性癖があったといわれています。また、真珠湾攻撃の時も含めて、作戦構想については、自分の考えは誰にも洩らしませんでした。吉田俊雄は次のように記します。

十六年十月下旬、開戦が避けられそうになくなったころ、南遣艦隊長官に補せられて赴任する小沢治三郎中将が、挨拶を兼ね、指示を受けに来たとき、山本はこう切り出した。

「どうして井上（成美）を大臣にしないのかなあ」

十月十八日に東条内閣が成立、海軍大臣に軍令畑の嶋田大将がなった。小沢が人事局長から聞いた話を伝えると、

「井上でないと駄目だ。井上なら東条と堂々とわたりあえるのに」

いかにも残念そうに嘆息した。小沢は、いっこうに山本が、南遣艦隊長官としての心構えや連合艦隊長官としての指示などに触れようとしないので、しびれをきらせ、問いかけた。山本は、

「まあ適当にやってもらおう」

と答えただけ。小沢はそこで、（中略）あらためて腹をすえたという。

山本はまた、「口でいってもわかるもんか。作戦計画どおりにやれ。そうすれば、いくさはできる。下手の考え休むに似たり、だ」とも語っています。

そして、吉田は山本について次のように結論づけています。

そのくらい、かれは意思を疎通させる努力を怠った――もちろん訓示はする。が、部将とじっくり話し合い、自分自身の分身として戦場に派遣する、という着意がどうにも少なかっ

た。人に対する好き嫌いが強いと、嫌いなヤツとはできるだけ喋らないようにするし、喋らねばならないときには、おのずから切り口上になる。そのせいかもしれなかった。

伝統的兵術思想のなかでなら、徹底的な思想統一教育によって「まあ適当に」というだけで、一糸乱れずに艦隊は動いた。クラスは多少開いていても、みな江田島の海軍兵学校出身者で、あの猛訓練の日々を乗り越えてきた信頼できる人間同士であった。

だが、飛行機が主兵となり、部隊の指揮運用システムがすっかり変った今は、そういう指揮官の間の意思疎通（コミュニケーション）の方法では安易すぎた。それが深刻な盲点になるのは必至だった。

改革をめざすリーダーは、自らの明確な構想をもち、それを部下指揮官にも粘り強く理解させ、そのうえで具体的な作戦計画を示さなければならないという教訓です。

組織を動かし目標を達成する「執行者」

成功への道のりを明確に示す

「改革者」としての山本五十六に不足していたのは、組織を納得させ方向づけして動かすことでした。「情」の統率だけでは限界があります。困難な状況で適切な決心・決裁ができたとしても、組織を動かして目標を達成させるには、リーダーのビジョン、目的、目標を掲げて、成功への道のりを明確に示す必要があります。

さらに粘り強い説得により同調者を増やし、これらを組織全体に納得させる努力も必要です。そうでなければ人はついてきません。

決心を実行に移し、最終的に結果に結びつけるのが、「執行者」としてのリーダーの役割です。リーダーが目標を達成するには次の三つの段階を踏みます。

①使命を確定させ、目的、目標を統一する。エンドステートを定義し、組織の各階層の目標設定を系列化する。

②目標達成までの道のりを示す。作戦、事業の実施要領を具体化し、使命達成クライテリアを決める。

③組織を指揮・統制して目標達成に導く。

この中で①と②は、第3章で紹介したJOPP（統合作戦計画プロセス）の手順と同じです。

判しています。

ロボットになるな

リーダーの「象徴」としての役割（一六五頁参照）で、スタッフのお膳立てに従って、堂々としてさえいればリーダーが務まるというものではないと述べましたが実際にはお膳立て頼みのリーダーも少なくなかったようです。高木惣吉は、陸海軍の上級指揮官を強い言葉でこう批判しています。

彼等は思索せず、読書せず、上級者となるに従って反駁する人もなく、批判を受ける機会もなく、式場の御神体となり、権威の偶像となって温室の裡《うち》に保護された。（中略）陸海軍ともに専門的知識と技術とを最高度に必要としたものは決して大臣、総長又は長官ではなく、むしろ艦長連隊長以下の下級者であった。（中略）かくて主将のロボット化は特に陸軍に著しい現象であったが、指揮官の意思が艦隊の行動に影響を及ぼすことの多かった海軍は、結果的にはより悲劇的であったとも云えるであろう。

高木の指摘どおりであれば、日本海軍の上級指揮官の、決断し、命令を与え、勇気をもって実行するという「執行者」の役割は形ばかりのものであったことになります。

リーダー以外にできない役割が「執行者」です。「ロボット」といわれるようではリーダー失格です。「執行者」としての役割を果たすには、意思決定プロセスの中心にならなければなりません。

場面に応じたリーダーシップを考える

では「執行者」として、意思決定プロセスの中心となるにはどうすればいいのでしょうか？まず、リーダーとしての知識や経験を活かして、計画作成段階でリーダーシップを発揮することが重要です。計画段階で議論を方向づけるかリードしていない限り、実行段階で主導権を握ることは難しいからです。

もう一つは、計画作成の手順で具体化される目標達成までの「道のり」を、実行段階でのリーダーシップに活かすことです。「道のり」が具体的に示されると、組織の直面するリスクや好機がいつどのように現れるかが予測できます。

リーダーは、この予測を活用して、作戦上の決定的な場面やリスクが大きくなる場面への対策を練り、それぞれの場面で組織の持てる力を最大に発揮できるように指揮することが求められます。

リーダーは各場面に適したリーダーシップのありかたを考えなければなりません。たとえば、リスクに直面する場面では、慎重に警戒を怠らず、常に不測事態に備えさせます。好機と見たら一気呵成に全力を発揮させるなどです。

スタッフに指示して作戦計画を練る一方で、自分自身のリーダーシップのスタイルを考えることは、作戦計画を立てるのと同じくらい重要です。

本章で紹介するリーダーの五つの役割のうち、どれを重視しなければならないかを適切に判断し、同時に後述する平時と有事のリーダーシップの違いも考慮する必要があります。（二〇九頁参照）

部下を育てる「先輩・教育者」

艦長を殴った少尉

リーダーの五つ目の役割は「先輩・教育者」です。これは組織の一先輩として後輩を育てるということですが、愛情をもって接して、育て導こうという真情があれば、後輩はついてきます。「先輩・教育者」の役割は、これまで紹介した四つの役割を補強するものでもあります。

昭和一〇年、海軍大演習のあと東京湾に投錨した巡洋艦「最上」での「事件」が佐藤和正著『艦長たちの太平洋戦争』にあります。内容をかいつまんで紹介します。

艦長は人物能力抜群で、のちに侍従武官を務めた鮫島具重《ともしげ》大佐（海兵三七期）、乗り組んでいたのがかなり酒癖の悪い板倉光馬少尉（海兵六一期）でした。ある日、板倉少尉は朝から上陸して飲酒、いつものように酩酊して芝浦桟橋で艦へ戻る定期便を待っていましたが、なかなか来ない。

ふだんから下士官、兵にはうるさいのに、上級士官が帰艦時刻にルーズで、定期便を平気で遅らせることに前々から腹を立てていた正義感の強い板倉少尉は、やっと来た定期便から最初に下りてきた士官に思わず殴りかかってしまいました。翌朝、酔いが醒めた板倉少尉は、殴った相手が鮫島艦長だと知り、上官暴行罪で軍法会議に回されるのを覚悟し、真っ赤に顔の腫れた艦長のところへ詫びに行きました。

理由を聞く艦長に対し、言い訳はするなという兵学校の教えを守り、前後不覚の酩酊のためとしか言いませんでした。翌日、再度呼び出され、「何か理由があるはずだ」との問いに、ついに根負けしてどうせ海軍を辞めるなら帰艦時刻のでたらめだけは何とか改めてもらいたいと考え、その理由を正直に伝えました。鮫島艦長は「よしわかった」と嬉しそうに返事をしたといいます。

のちに分かったことは、艦長は自分を殴った一少尉の命乞いに、わざわざ海軍次官を訪ね、咎《とが》めなきよう陳情され、軍令部に対しては士官の綱紀《こうき》に関する意見書を上申していました。そして、しばらくして全海軍に対し高級将校も帰艦時刻を厳守すべき旨の指示が出されたのです。板倉少尉はお咎めなしで別の巡洋艦に転勤し、そこで一年間、自ら上陸を断って謹慎したということです。

「正しいことの通る海軍、血も涙もある海軍」という話ですが、板倉少尉の将来を嘱望していた艦長が、私憤《しふん》を抑え海軍士官の先輩として「正しいこと」をなしたということです。

植木を育てるのに

海上自衛隊創設期のエピソードもあります。中山定義《さだよし》元海上幕僚長（海兵五四期）の回想です。

昭和二九年九月に初代幹部学校長を命ぜられ、その創設事務に取り組んだが、内外の諸問題を含んで「すこぶる厄介なこと」と思われた。そこで、海兵では二九期も先輩の山梨勝之進大将を、自宅訪問をタブーとする海軍の伝統は百も承知ながら、背に腹は代えられず、繰り返し訪問し懇切丁寧に教えていただいたものである。

その頃の私は、山梨さんの眼にはむやみと焦っているように映っていたらしく、「植木を育てるのに、水と太陽の熱が要るからといって、お湯をやればすぐ枯れてしまうではないか」と静かに諭された。私は、三斗の冷水をかぶせられるような思いをした。

ちなみに、山梨大将といえば学習院院長も務めた人物ですが、戦後「人間宣言」をされた昭和天皇に対して漫談家の徳川夢声らが「陛下は数多くの陸海軍将星をご存じでしょうが、誰がいちばん好きでしたか？」と不躾《ぶしつけ》に尋ねたところ「山梨だ」と言下に答えられたという話があります。山梨さんとはそんな人物だったと伝えられています。

先輩としての顔の見せ方

ここで紹介した二つのエピソードは直接比べられるものではありませんが、巡洋艦「最上」の鮫島艦長には、「決裁者」と「先輩・教育者」の二つの役割がありますから、「事件」の処理にあたっては葛藤があったはずです。

決裁者としていかようにも処置できる場面で、単に後輩可愛さだけで判断したのでは、情に流されたということになり規律は守れません。そこで鮫島艦長は海軍次官に寛大な処置を願い出るとともに、板倉少尉の言い分を認めて軍令部にかけ合いました。その後、当事者の少尉も一年間の謹慎をしています。

このように先輩として後輩の汲むべきところは汲み、真の愛情を示す。そしてその思いに後輩も応える。甘えてばかりでないからこそ光るエピソードです。

一方の山梨大将は現役を離れて久しいこともあり、大先輩ではあるけれども、あくまでも外部の人間として後輩に対して親切に助言し、必要な時には喩《たと》え話で遠回しに諭される。難事に取り組む後輩に対する敬意や礼譲、人柄の奥ゆかしさが伺えます。

このように先輩としての顔の見せ方は、深慮が求められるもので難しいものです。後輩が本当に困って相談に来た時に、決裁者の顔をされたのでは、とりつくしまがなくなるでしょう。逆に求められてもいないのに助言すればお節介になります。結局のところ、先輩として後輩に接する場合は、求められている役割をわきまえることが肝要なのだと思います。

リーダーを育てる心がけ

後輩たちを将来のリーダーとして育てる方法は、ここで論じきれるものではありません。リーダーの心がけとして先輩から繰り返し教えられたことを三つご紹介します。

まず、減点主義でなく加点主義の姿勢が大事だということです。減点主義の場合、先輩は目につく欠点を指摘すれば良いし、後輩は「可もなく不可もなく」の態度でやる限りは安泰ということになります。

また減点主義は、お手本や基準と比べて足りない部分を指摘し、キャッチアップを促す考え方ですから、どうしても「前動続行」的な傾向を持つことになります。

一方、加点主義では、先輩は後輩が見せる良いところを評価して、それを伸ばすように導かなければなりません。指導にあたる先輩も後輩の良いところを見つけなければならないので大変です。行き過ぎや失敗もあるかもしれませんが、失敗を恐れず試してみようというチャレンジ精神が重視されますので、将来のリーダーたる若い芽を摘むことなく育てることにつながります。

二つ目は、気概を持たせることです。「海軍の将来は中・少佐の方寸《ほうすん》（胸中）にあり」として、将来のリーダーとして気概をもって仕事をせよと指導されました。この気概が本人の発奮や努力につながることはすでに述べたとおりです。

三つ目は、簡単に助太刀するなということです。操艦訓練の例ですが、「よほどのことがない限り助太刀するな。過早に安易に助言をするため、技倆が本当に身につかない。ついたように見えても、すぐ剥げてしまう。意地悪と思われるくらいに、知らぬ顔をしておれ」と教えられました。

艦長が近くにいると、「いざという時は助けてくれる」という安心感から力を発揮できるというのでは駄目です。誰の助言も援助も期待できない状況で、プレッシャーに負けずに持てる自力を発揮できなければなりません。自身で鍛錬を積めば、いざという時でも発揮できる「地力」が身につくという教えです。

第7章 「戦う組織」のリーダーシップ

「自分式」リーダーシップを打ち立てる

これまでリーダーシップのスタイルを形作る四つの資質と二つの個性（理性と感性）、そして五つの役割について日本海軍での事例を引きながら述べてきました。

本章では、これらを組み合わせて現代の「戦う組織」で活かす手法について考えてみます。

ここでいう「戦う組織」とは、もちろん海軍のような戦闘を行なうという意味ではなく、目標を掲げて組織の力を結集してその達成を目指す組織を指します。

世の中の「戦う組織」にはさまざまな形があり、置かれた環境も千差万別です。そのような組織でリーダーになる人もまた、さまざまな資質や個性を持っています。

私たちは、それぞれが置かれた環境や立場にふさわしい役割を果たすために、独自のリーダーシップを発揮することが期待されています。ここでは、そんな「自分式」リーダーシップを打ち立てる方法を考えてみたいと思います。

置かれた立場を確認して自己評価する

まず自分の置かれた立場や環境を確認します。

- 指揮官かスタッフか？
- 求められている職責は何か？ 与えられた権限は何か？
- 指揮官の場合、部下指揮官はいるか？ スタッフ組織はどうか？
- スタッフの場合、スタッフ組織の中での立場はどうか？
- 目的達成にあたり競争・敵対相手との関係はどうか？ 考慮すべき環境条件は何か？
- 組織の業務執行能力、目的達成能力はどうか？
- 組織や業務遂行態勢の改革は必要か？

次に自分の資質と個性を考えます。すなわち知識、見識、胆識、節操などを評価します。自分の評価は難しいもので、他人の評価より最低でも三割は高くなるといわれますが、冷静に分析します。

立場によっても求められるものが違ってきます。スタッフであれば「知識」が重視され、スタッフの長であれば「見識」も求められます。指揮官ともなれば「胆識」が不可欠の要素になり、トップに近づくと「節操」が問われるでしょう。

次は個性（理性と感性）です。自分の個性はどちらに傾いているでしょうか？　絶対評価はできませんから、組織の中で相対的に評価することになりますが、組織全体の傾向、すなわち「社風」が大きな前提になってきます。「社風」に偏りがあれば、相対評価そのものも影響を受けてしまいますから注意が必要です。

SWOT分析でリーダーシップ像を描き出す

自身の立場や環境、資質と個性が整理できたら、これらをもとにして自分の目指すリーダーシップ像を描きます。そのための手法はいくつかありますが、ここではSWOT（スウォット）分析を試みます。

SWOT分析は、企業の経営方針などを立案する時に、自らの強み（Strength）と弱み（Weakness）、外部環境の好機（Opportunity）と脅威（Threat）をもとに分析する一般的な手法です。「強みと好機」「強みと脅威」「弱みと好機」「弱みと脅威」という四つの組み合わせから目標達成の方策を考えるものです。

これをリーダーシップに応用する場合は、目標達成する際の自分の資質と個性を強み（S）と弱み（W）、立場や環境を好機（O）と脅威（T）にそれぞれ分類します。

ここでは、自分の専門職域でキャリアを積んでリーダーを経験した人が、複数の職域を束ねるより上位のリーダーにつく場合を想定します。

この人物の強みと弱み、そして環境条件の好機と脅威を次のように仮定します。

●**強み（S）**：専門職域での豊富な知識と経験、広範な人脈を持つ。情の統率で上意下達的な迅速な意思決定が得意。ＩＴ（情報技術）にも詳しい。

●**弱み（W）**：初めての上級リーダー（直属のスタッフ組織や部下指揮官の存在）。業務の多くが専門外の職域に関係する。

●**好機（O）**：担当業務分野でのマーケット拡大。競争力ある主力商品がある。管理業務の技術革新（ＩＴ投資への政策、税制面での後押し）があり、働き方改革（中期的な女性スタッフやベテランの活躍）

●**脅威（T）**：他社対抗商品の投入の可能性と競争の激化。さらなる人員・予算の効率化。コンプライアンス（法令遵守）強化のため管理的業務が増大。働き方改革（短期的にはチームの勤務時間に制限）

		自分（リーダー）	
		強み（S）	弱み（W）
環境条件	好機（O）	強みを活かして好機をとらえ成果を拡大する	弱みを克服して好機を活用する
	脅威（T）	強みを活かして脅威を好機に変える	最悪の事態になるのを防ぐ

図6 SWOT分析

これを図6のような考え方で、それぞれの対応の仕方を考えます。

この時、「弱み」と考えていたものが環境条件により「強み」に転じたり、「脅威」が実は「好機」だったりすることがありますので、決めつけずに検討することが重要です。

たとえば、ここでは働き方改革を「好機」と「脅威」の両方にとらえています。これは、短期的には労働時間の管理が厳しくなるため、短期決戦型のプロジェクトチームにはマイナスに働く可能性があり「脅威」としています。一方、中期的にはワークライフバランスの改善で全体の士気が向上し、出産、育児、介護などで退職していた女性やベテランがさらに活躍できる「好機」になるかもしれません。

リーダーシップスタイルを描き出す

前述のSWOT分析の考え方から、次のような暫定的な方針が導かれます。

①強み（S）×好機（O）

専門分野で培った人脈や情の統率を持ち味にして、早急に新しいスタッフ組織と部下指揮官の関係を確立してリーダーとしての基盤を作る。迅速な意思決定が大組織においても効果的になされるように、手法やプロセスを整える。

②強み（S）×脅威（T）

働き方改革を推進して組織の士気を高め、限られたスタッフ組織の生産性を向上させるためＩＴ投資を促進する。

③弱み（W）×好機（O）

専門職域外の業務を補佐するために一部のスタッフの交代・強化を図るなど組織を最適化する。部下指揮官との個々の関係を早期に確立したうえで、サブリーダーに部下指揮官との良好な関係を保てる人物を配置する。働き方改革や管理業務のＩＴ化などに推進力のあるスタッフを配置する。

④弱み（W）×脅威（T）

とくに専門職域外の状況判断を迅速に行なえる態勢を整える。リスク評価に基づいたコンプライアンス強化を図るとともに、適切なリスクマネジメント態勢を維持する。

この段階では、「強み」「弱み」「好機」「脅威」の重み付けはなされていません。個人としての「強み」が卓越している場合は、「弱み」に起因する結果を「強み」と同程度に考慮する必要はありません。

環境条件の「好機」と「脅威」についても同じことが言えます。状況として攻める時と思われたら「好機」を重視します。守りの時であれば「脅威」に対する備えを固めることが優先されます。いずれにせよ、新しいリーダーのもと、優先順位をつけて実行に移すことが求められます。

リーダーの「強み」を重視し、外部環境は「好機」、ただしコンプライアンス違反があると甚大な損害が予想されるため「脅威」にも目配りが必要であると想定した場合のリーダーシップスタイルは以下のようになります。

① 専門分野でのリーダーとしての実績や情の統率を持ち味にして、早急に新しい部下指揮官やスタッフ組織との良好な関係を確立する。そのために部下指揮官との良好な関係維持を補佐するサブリーダーや上級スタッフを置き、専門職域外の業務を補佐するスタッフ組織を最適化する。

② 拡大したマーケットに迅速に主力商品を投入して主動（先手を打って相手を動かすこ

と）の地位を握る。迅速な意思決定とスタッフ組織の生産性向上のための手法やプロセスを整え、必要なＩＴ投資を進め、働き方改革の推進により士気を高める。

③並行して、リスク評価に基づいたコンプライアンス強化を図り、適切なリスクマネジメント態勢を維持する。

リーダーの役割ごとのＳＷＯＴ分析

全体的なＳＷＯＴ分析を終えたら、リーダーに求められる五つの役割（一六四頁参照）ごとの、より具体的なＳＷＯＴ分析も可能です。

スタッフ組織のリーダーであれば、「決裁者」の役割に加えて、スタッフ組織全体の業務を改善、最適化する「執行者」「改革者」の役割が求められるかもしれません。あるいは「象徴」としての役割はあまり期待されない代わりに、多数のスタッフのキャリアを管理し教育する「先輩・教育者」の役割が必要となるかもしれません。

立場に応じて求められる役割、あるいは自分が重要と考える役割ごとにＳＷＯＴ分析することで、自身の目指すリーダーシップを描き出すことができます。

たとえば、「象徴」を重視する場合を考えてみます。スピーチが苦手だったり、現場視察した際に気の利いたコメントができないことを「弱み」と感じるリーダーもいるでしょう。そんな時は、有能な「スピーチライター」を配置したり、現場視察の方法を工夫したりします。あるいは、「弱み」をあえて克服せずに、訥々《とつとつ》とした物言いや飾らぬ人柄を「強み」に変えてしまうやり方もあります。

「改革者」の役割を求められた場合はどうでしょうか。関連分野の見識、抵抗勢力を突破する胆識を備えていることは必須です。さらにアイデア倒れに終わらないよう強力な実行部隊が必要です。その場合、外部からの支援を借りることもできますが、改革を一過性にしないために、改革の主力は組織内にあることが望ましいでしょう。

改革は、歓迎される場合もありますが、反対されることも少なくありません。改革が成功すれば組織の発展に大きく寄与しますが、失敗した場合、組織の存続すら危うくしかねません。まさに環境条件は「好機」と「脅威」がせめぎあう状況です。

改革断行には、リーダーの熱意や実行力が重要で、はじめに絶対に成功させるという決意を全員に周知させることが不可欠です。さまざまな反対や障害を排除していく「強さ」が求められます。仮に専門的な知識に欠けるという「弱み」があった場合、一時的に外部の力を借りるとしても、最終的には組織が自己改革したという形になることが理想的です。

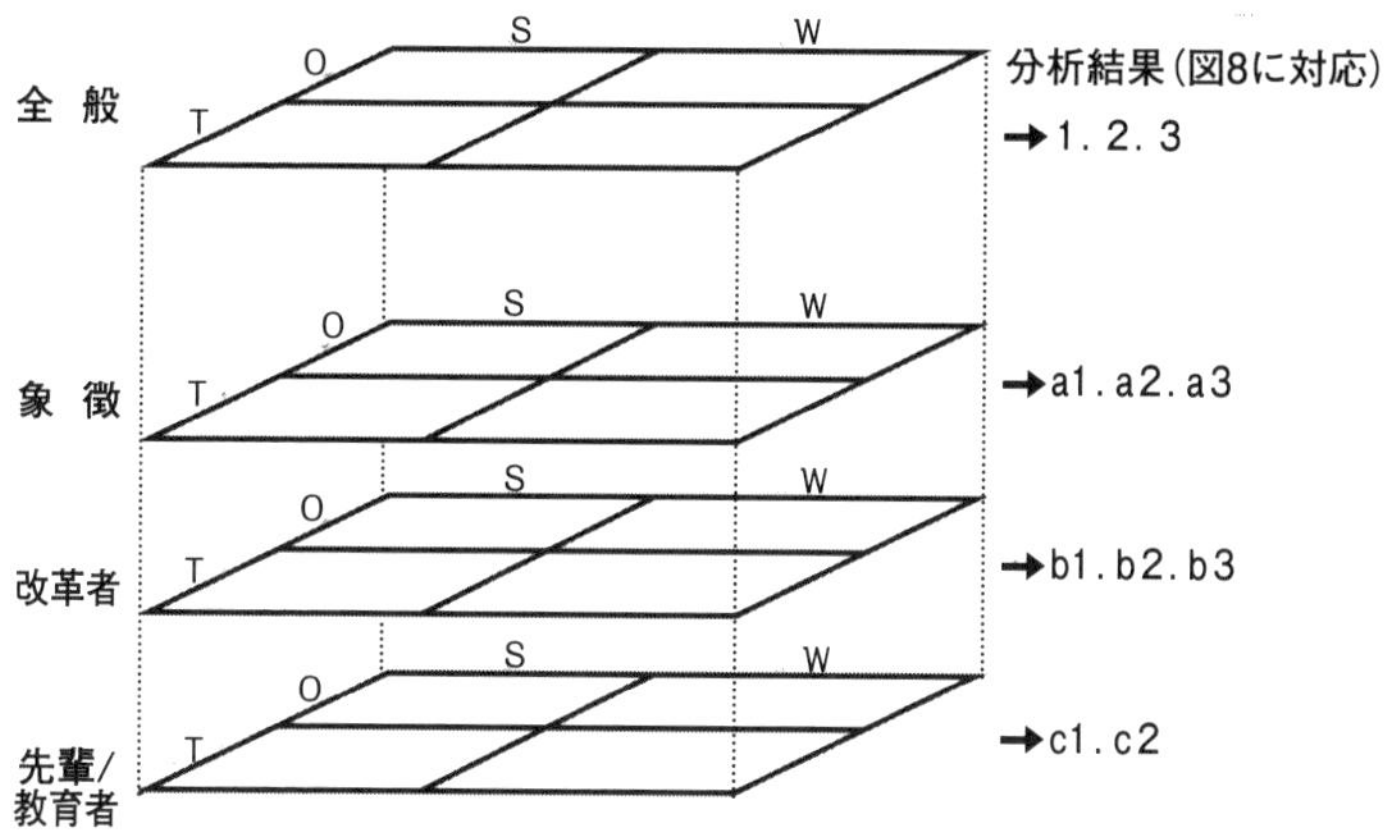

図7 SWOT分析の重ね合わせ

「自分式」リーダーシップ

これまで行なってきた役割ごとのSWOT分析の結果を重ね合わせることで、「自分式」リーダーシップの目指す全体像が明らかになります。この場合、単に重ね合わせるのではなく、役割の重要度に応じた「重み付け」をします。

図7では、強み(S)、弱み(W)、好機(O)、脅威(T)に加えて、「象徴」「改革者」「先輩・教育者」の三つの役割を重ね合わせています。

次ページの図8は、そのSWOT分析をまとめたものです。「全般」の1~3に加えて、「象徴」「改革者」「先輩・教育者」についてそれぞれの優先順位が明らかになることで、「自分式」リーダーシップの全体像が見えてきます。

さらに優先順位ごとに、自分の強みを活かすも

役割	役割ごとのSWOT分析結果（優先順） （番号は図7に対応）	強み 弱み	自分式リーダーシップ （優先順位）
全般	1 実績と情の統率で部下指揮官等との良好な関係を早急に確立しリーダーシップの基盤を強化する 2 迅速な意思決定とスタッフの生産性向上のためのプロセスや手法の整備、IT投資と働き方改革を推進 3 リスク評価に基づいたコンプライアンスとリスクマネジメント態勢の維持・強化	○ ○ △	全般方針
象徴	a1 ビジョンやミッションステートメントを組織全体に浸透させるためコミュニケーション能力を向上させる a2 有言実行で倫理、行動規範の規準を示す a3 現場主義を体現した行動を徹底する	△ ○ ○	重視する役割 （優先順位：2）
改革者	b1 不退転の決意を組織に浸透させる b2 冷静に論議を尽くす合理的態度を持つ b3 最終的な意思の強行に耐える部下指揮官等との信頼関係を構築する	○ △ ○	重視する役割 （優先順位：1）
先輩/教育者	c1 働き方改革を体現しつつ部下を育てる c2 将来のリーダー候補を選抜し鍛錬する	△ ○	重視する役割 （優先順位：3）

○：自分の強みを活かす項目、△：自分の弱みを克服する/努力を要する項目

図8 SWOT分析のまとめ

の（○印）と、弱みを克服するか努力を要するもの（△印）に分類してあります。自分の強み弱みを自覚することで、リーダーシップの底上げが可能となります。

直感の活かし方

なお、図8の改革者のb3項「最終的な意思の強行」とは、複数の選択肢から総合評価で得られたものと違う選択肢をリーダーが強行することです。

　この場合、リーダーの「直感」がものをいうわけです

が、注意が必要です。指揮官の「直感」が妥当なものであり、ただの「山勘」や「はったり」ではないことを担保する必要があります。そのためのツールとして第4章で紹介した「悪魔の代弁者」や「レッドチーム」があります。

戦うリーダーに求められるもの

平時と有事の違い

戦う組織のリーダーとして成功するには、その人なりのリーダーシップを平時と有事、それぞれの場面にあわせて工夫する必要があります。

究極の有事である戦争を考えてみます。国際法上、戦争は違法化されたとはいえ、現実世界の国際紛争をみると、奇略、策略をめぐらせて敵をだますこと、戦闘員を殺傷することが正当なこととされます。平時においては悪徳、犯罪と考えられることが有事では一定のルールのもとで正当化されます。平時と有事では行動規範が大きく変化することを前提に行動しなければなりません。

有事においては、行動規範の変化のほかに、時間の要素が極めて重要です。緊急時には時間やタイミングの感覚を研ぎすまし、素早い決断とタイムリーな行動が求められます。与えられた時間いっぱいを使って満点の対応策を追求するより、半分の時間で合格点の行動をとる方が評価されることが多いでしょう。孫子は「兵は拙速を聞く」といい、マキャベリも「次善の策の欠点を嫌うあまり、最悪の策をとることの愚かさ」を説いています。

有事では組織の動かし方も変わらざるを得ません。平時であれば組織や事業の存続・発展のために努力するのが普通ですが、有事では組織の存亡をかけてでも思い切った行動をとらざるを得ない場面があります。

組織の動かし方が変われば、これにあわせて部下の使い方も変わります。海軍の先輩は戦国武将の言葉を借りて、「敵が近くなったら兵は手荒く扱え」と教えています。これは武田信繁《のぶしげ》（武田信玄の弟、川中島の戦いで戦死）の言葉ですが、その裏には、「平素は兵を可愛がっておけ」という意味が込められています。平時には愛情深く部下を鍛え、有事には叱咤し、場合によっては危地に赴かせるということです。

このように、戦う組織のリーダーは、状況変化に適切に対応して、平時と有事の切り替えを的確に実践する能力が求められます。

古典兵学に学ぶ軍人の資質

リーダーに求められる四つの資質として「知識」「見識」「胆識」「節操」があることはすでに述べました。平時はともかく、有事、しかも戦場のような身の危険を感じるほどの局面では、沈着さと勇気がなければ、これらの資質は活かせません。

最近の兵学では精神的要素を論じたものはあまり目にしませんが、いかに兵器や戦術が進歩しても、戦いが人によってなされる以上、精神面の重要性は言うまでもありません。

その精神面の重要性を論じた先達の言葉をここで紹介します。

まずはナポレオンです。彼の有名な言葉に「戦争においては士気と有形的な力とは三と一の比である」というのがあります。「兵士の第一の資質は疲労と困苦にたえる恒久心であり、勇気はこれに次ぐものである」と述べていることから、ナポレオンは「忍耐力」を最も高く評価したと思われます。

プロシア兵学の代表であるクラウゼヴィッツは『戦争論』で、軍人の最も高貴な徳は「勇気」と「自信」であるとしました。その中でも第一の特性を「勇気」とし、個人的な危険を無視する勇気、自身の行動に対して責任を負う勇気などに分類しています。

また戦時の不確実性や偶然の連続のなかで、かすかな光明を頼りに真実を把握する鋭い「知性」や、このかすかな光に頼って行動する「果断」が重要な大切な素質であると説いています。さらに第四の素質として「沈着」を挙げ、予期せぬ事態を即座の機転で適切に処理する心の働きとして指摘しています。

クラウゼヴィッツの好敵手であったフランス軍の名参謀ジョミニは『戦争概論』において、将軍の資質として第一に重大な決定を下しうる高度の「責任感」、第二に危機に動じない「勇猛心」を挙げています。軍事上の「識能」や戦いの基本となる原則を体得していることがこれに次ぎ、公正、剛直かつ廉潔、他人の器量才能を尊重、包容する「度量」も重要であるとしています。

海軍兵学も見てみます。帝政ロシアのマカロフ提督は『海軍戦術論』において精神的要素の影響を大いに追究しました。陸戦では戦闘の経過が漸進的であって観察の余裕があるものの、海戦ではものごとが短時間に相次いで起きるので、寸秒を争う決断と処置を要するため、陸戦よりも海戦の方が精神的要素の及ぼす関係は重大だと論じています。

マカロフは、海軍としてとくにネルソン提督に学ぶことが多いと強調し、軍事的に貴重な精神力は、第一に難局に出遭ってもすぐに決断できる「機智」、次いで「剛毅果断」、そして危地に臨んで冷静を失わぬ「判断力」であるとしました。

以上の考え方から、ジョミニの「責任感」「勇猛心」「識能」は、それぞれクラウゼヴィッツの「勇気」「沈着」「知性」に重なります。マカロフ提督が強調した「機智」や「判断力」は、クラウゼヴィッツの「沈着」に相当し、「剛毅果断」も「果断」と同じものです。

これらの兵学者が論じる対象が一般の将兵であったり、将軍であったりという違いはありますが、いずれにせよ古典兵学では、精神的要素として「忍耐」「勇気」「沈着」「剛毅」などが重視されているといえます。

海軍の先輩たちは、それぞれの方法でこれら精神面の鍛錬に取り組んだわけですが、そのやり方についてはここでは触れません。その代わりに海軍に伝わる「有事の心構え」について、重要と思われるものを三つ紹介します。

有事の心構え1「決断して指示を与え、責任をとる」

「部下が迷った時は、はっきり指示する」

最も重要な心構えは、「決断して部下に指示を与え、自分が責任をとること」です。何を当たり前のことをと思われるかもしれませんが、実はこれが難しく、最も大事なことだと海軍の先輩は言います。

米軍機の襲撃を受けた際の巡洋艦「鈴谷《すずや》」の艦橋での話です。当時は航空機から投下される爆弾や魚雷を大きく舵をとって避けていました。たび重なる空襲をくぐり抜け回避運動の腕を上げていた航海長は、この日も雷撃機が右から突っ込んで来れば「面舵（艦首を右へ）」、左から来れば「取舵」とうまい具合に米軍機が投下した魚雷をかわしていました。まさに投下された魚雷と格闘する感覚です。

ところがしばらくすると両方からいっぺんに魚雷がやってきた。それまでと違う攻撃パターンに航海長は一瞬迷い、思わず艦長にチラッと視線が向きました。戦闘においては一瞬の判断の遅れが命取りになります。

それまで椅子に座って黙って見ていた艦長は、航海長の迷いを察して、すかさず「まっすぐ行け！」と指示したのでした。艦長も発射された魚雷が船体ギリギリのところをそれていくのを確認するまでは祈るような気持ちだったと思います。

魚雷は幸いにも命中せずに遠ざかりました。空襲をしのいだ艦長は、後日「おれも、まっすぐ行けば必ず避けられるとは思っていなかった。しかし、任せていた部下が迷った時は、はっきり指示を与えて責任をとるべきものである。自分でもよく言えたと思っている」と語ったそうです。

いつもは非常におとなしく、あまりものを言わないが、いざという時にはズバリと言う艦長で、砲煙、弾雨のなか、ふだんからの心の準備がなければとてもできないことです。航海長は「指揮官かくあるべし」と心服したと回想しています。

「命令ほどありがたいものはない」

もう一つは、上海事変で出動した海軍特別陸戦隊の小隊長の話です。

「初陣でいきなりの第一線。轟然たる銃声。すでに敵味方の遺体が入り組んでいるから一時白兵戦もあったのであろう。わが部下は仰天してしまい、銃を担いだままただ茫然と突っ立っている。あわてて無我夢中で叫んだ。「伏せ、伏せ！」（中略）即座の身振り手振りである。無我夢中という事は自分が無我夢中であることも忘れているということである。

前線に駆けつけたとき、兵学校二期上級の中隊長はただ一人で立っておられ、私を見て一言『あっちだ』と左の方を指されただけであった。私も『ハイ』の一言であった。面識のない中隊長であったが、この一言で意思は通じた。その無造作な命令が私を一心不乱にさせた。戦場では、命令ほどありがたいものはない」

この小隊長は、「任務を持ってこれに集中している時には、怖いなどという感情が入り込む隙間が無いということだ」と回想しています。

前述の航海長の話にしても小隊長の話にしても危険と隣り合わせの前線での出来事であり、戦争中にはこのような場面が無数にあったのでしょう。

善のための若干の悪

上級司令部や海軍中枢のような戦争の大方針を決める部署では、どうだったのでしょうか。砲弾が飛んでくるような直接的な危険はない代わりに、熟慮の判断を実行に移すには別の配慮が必要です。高木惣吉は次のように指摘しています。

不幸にして興奮しがちな戦時の雰囲気の中では、分別のある意見というものは大概臆病と間違えられて評判が悪い。五十人か百人ぐらいの部隊長にふさわしい景気のいい議論が、特に日本のようにカーッとなりやすい民族では大勢を動かす。しかし、これはアングロサクソンのようなしぶとい民族でもそうらしく、「戦争の熱狂の中では世論というものは多くの場合、極端な手段を求めて、その結果国民がどういう結果に陥るかということはあまり心配しないのが通例である」と、リッデル・ハート（筆者注、イギリスの戦略研究者）が嘆いているくらいである。

このような場面では、指揮官には大きなスタッフ組織をまとめる統率力や、政治・外交との折り合いをつける「政治力」が求められます。世の中というものは複雑で、勇気や正直さだけでは立ち行かず、「善を行なうに勇なれ」の一方で、善を行なうためには若干の悪や妥協が必要な場合もあるという教えです。

自決で責任をとれるか

前述の「決断して責任をとる」ことが最も重要な有事の心構えだとしても、立場や地位によってその意味するところは変わってきます。

戦場で「責任をとる」とは、「自決」を意味する場合があります。さまざまな海軍の先輩たちがこれについて語っていますが、現在でも通じる考え方として、高木惣吉の指摘があります。

自決をすれば責任が解除されるという考えは大変な間違いであります。国家の非常重大な時に、下からの突き上げに迎合した意見に従い、間違えば腹を切ればよいと考えた者が多かったのは、まことに残念なことであります。（中略）死んだだけでは、決して責任というものは償えないのであります。自分の命を軽んずる者は、部下の死をも軽んずる傾向があります。戦時中に、艦長は艦と運命を共にすべきであるという戒めがあって、これに背くと左遷される傾向がありました。例えば、山本大将は、「死をもって責任を明らかにした者は軽んずべからず」と言っております。（中略）旧海軍では戦時に、有能な指揮官や潮気のある（筆者注、ベテランの）下士官の不足したことが致命的となったのでありますが、これと比べて米海軍では生存者の救助をいかに重視したかを見るとき、その差は何と大きなことでしょうか。

有事の心構え2「動揺するな、我慢せよ」

「顔は心の窓」

第二の心構えは「動揺するな、我慢せよ」です。これは多くの海軍の先輩たちが書き残しているものですが、これもまた言葉にすれば至極当たり前のことのように思えます。

上海事変で出動した海軍特別陸戦隊の中隊長の体験談です。作戦を開始すると、味方に被害が出る、敵が増加してくる、悪い報告がどんどん入ってくる、本当に「しまった」と思うことがずいぶんあり、辛い思いをしたといいます。

そんな時に上位の指揮官である大隊長から「動揺してはいけない、ここが我慢のしどころ」と言われた。「昔、武田信玄は、いっぺん命令を出したら、護摩《ごま》を焚いて祈っていたということである。もちろん、命令の出し放しで、情況の変化に応じ得られないようでは困るけれども、被害が少々出て来たからといってすぐ動揺するようではいけない。指揮官には勇気が必要である」ということでした。いったん決心をしたら「天は我の上にあり」という信念と勇気を持てと教えられたそうです。

いくら動揺するなと言われても人間が感情を持つ以上はなかなか難しい注文です。これを克服するには「心の修行」が必要ですが、海軍では「顔は心の窓」ということを教えていました。

前述したように危地に際して、部下はまず指揮官の顔を見るといわれ、指揮官の不安な顔、慌てた表情は、たちまち伝染し部隊を不安や恐慌に包むことにもなりかねません。指揮官は努めて楽観的な表情を保てとの教えです。

不必要な干渉はしない

上海海軍特別陸戦隊の体験談を紹介しましたが、広大な海域を舞台に大部隊が戦う海戦ではなおさらです。今日のような指揮通信システムのない時代、命令を出して作戦を始めたら、敵と触接して電報が入ってこない限り状況を知るすべがありませんでした。海戦の最中、山本五十六長官が旗艦の自室で将棋を打ちながら報告を待っていたというエピソードも頷けます。

現在の作戦では、即座に作戦状況が把握できますから、護摩を焚いたり将棋を打つ必要はありませんが、リアルタイムに状況が分かるだけに、作戦の推移に一喜一憂して当初の方針を変更したくなったり、部下指揮官に「口出し」をしたくなる誘惑は大きいと思われます。

いくら状況が分かるといっても「戦場の霧」（戦場の状況把握はその流動性と情報収集の限界から常に不完全であること）はなくなりません。「七分三分」で自軍が不利だと思った時が、実は「五分五分」くらいなのだという海軍の先輩の教えも忘れてはならないものです。

現場が懸命に取り組んでいる限り、部下の指揮官を信頼して「最終的な責任は自分がとる」という姿勢で現場に任せるべきです。大きな事件事故が起こるたびに、現場に対して中央から不必要な干渉をしたり頻繁に報告を求めたりする現象が起きます。東日本大震災時の原発事故への対応などは象徴的な事例でした。

ふだんから部下に対してはタイムリーな報告をするように教育したうえで、いざ事が起こったら「ここが我慢のしどころ」と自分に強く言い聞かせておかないと簡単に犯してしまう失敗です。

有事の心構え3「敗けぬ気と油断せざる心」

「闘志を持つ」

第三の心構えは「闘志を持つ」ことです。これも当たり前のように聞こえます。状況が有利な時に、攻勢をとって徹底的に戦果の拡大を図るのは当然のことで、それほど難しくないように思えます。

しかし、ハワイ作戦で奇襲成功後に第二撃を行なわなかったように、戦術的に成功を収めながら作戦としては追撃不足のため、戦果を十分に上げられなかった例は少なくありません。まして状況が不利な時に、戦闘力を温存して徐々に形勢を挽回して最終的に勝利に導くような闘志、あるいは退却を決断する勇気を持つことは並大抵のことではありません。

ミッドウェー作戦において凄まじい被害を受けたあとの指揮官や参謀たちは、どんな様子だったのでしょうか。吉田俊雄著『四人の連合艦隊司令長官』では次のように描かれています。

こんなとき、指揮官や参謀たちは、作戦計画を立てた参謀を含め、動転して頭に血がのぼってしまうものだ。草鹿参謀長は、飛竜を失ったあと、

「夜戦ができるかどうかとか、攻略部隊はどうなっているかなど、考える余裕がまったくなくなっていた」

と述懐するし、源田参謀も、

「その後の一航艦司令部の作戦指導や行動には、常識では解釈できないような不審な点があろう。これは、こんな場合の戦場心理からでたものである」

といっている。(中略)

「もうこれ以上は、将棋の指しすぎだ」（中略）「陛下には私がお詫びする」山本（筆者注、五十六長官）は、キッパリといいきった。それまで声高に、追撃だ、突撃だ、夜戦だ、浮き砲台だと、前へ進むこととカタキ討ちすることしか考えなかった参謀たちを、一人一人山本は説得していたが、この一言が、すべてを決したようにみえた。（中略）

「進め、進め」

と先頭に立って駆け出すのは誰にもできよう。だが、引きどきを誤らず、その先頭に立つことは、よほど私心のないものでなければ、容易にはできない。山本の存在の重さ、であった。

秋山真之中将の『天剣漫録』にある「敗けぬ気と油断せざる心あるは無識なりとも用兵家たり得」という言葉は、味わうべき言葉として知られています。これは裏を返すと敗けぬ気がなかったら、たとえ有識者であっても用兵家にはなれないということであり、海軍の戦例の中には、なまじ知識があるがために大事な敗けぬ気、闘志を消失してしまった例さえ少なくなかったと指摘されています。

平素の訓練の仕方が大事

また、板谷隆一元海上幕僚長（海兵六〇期）が闘魂について語ったなかで、当時の指揮官たちが、勇気に欠けるところがあったとは決して思わないが、平素の訓練の仕方が間違っていなかったかどうか、深刻に反省する必要があるとして、大要次のように問題提起しています。

太平洋において圧倒的な米海軍と対峙せざるを得なくなった劣勢の日本海軍では、量の不足を質で補う斬新な戦法が工夫される一方で、損害を極力少なくして最終的な決戦で勝つという考え方が固定観念となったのではないか。その結果として激しい撃ち合いの場面や戦果の拡充を図るべき重大な時に、無用の損害は避けなければならないという用心と人間の弱みが結託して強力なブレーキの役目を果したことはなかったか。「皮を切らせて骨を切る」とは良い戦法であるが、敵が馬鹿でない限りそんな甘いことがあろう筈はない。「骨を切らせて必ず敵の骨を切る」ほどの激しい闘魂が必要だ。

また、日本海軍の最も苦心したもののひとつは燃料であり、最少の燃料による最大の効果が艦隊訓練のモットーとなり、これが高じて「燃料過敏症」を生み出したのではないか。割当の燃料を使い切ったので、そろそろ演習中止になる頃だという意識が日頃の演習で繰り返されていたら、それが指揮官の判断に影響を与えない筈はない。最後まで戦う訓練をいやという程しておいてさえ、その場に臨むと足がすくむものなのである。頃合を見て引揚げる訓練を繰り返していたら気迫のある戦を期待すること自体初めから無理な相談ではなかろうか。

これは日本海軍についての問題提起ですが、現在でもさまざまな理由から訓練のやり方に制限がかけられたり、シミュレーションに頼らざるを得ない状況が多いと思います。いつの時代であっても平時にどれだけ実戦に近い訓練をできるかというのは永遠のテーマでしょう。

おわりに

戦いは人なり

日本海軍が戦った真珠湾攻撃、ミッドウェー作戦、「大和」特攻作戦などを事例として取り上げました。当時、本書で論じたようなスタッフ組織や意思決定の仕組みができていたら、健全な意思決定に至ることができたでしょうか。

おそらく、作戦計画の作成や実行段階での意思決定などはかなり改善されたでしょう。しかし、戦場におけるリーダーに関わる問題を解決するのは難しかったのではないかと思います。それは日本海軍の人事制度に問題があったからです。

高木惣吉は、日本海軍のリーダーについて、「平時の机上事務や、上司へのゴマすり上手な才子が、戦時とくに戦場で役立つ人物とは言えない。赤煉瓦（筆者注、海軍省のこと）の名士で、第一線の及第点を取った人物が少ないばかりでなく、平時の訓練や、演習の戦さゴッコで手際がいいと認められても、戦場に出すと案外腰抜けとなるのが多いことも東西の戦史に例がある」と厳しく指摘しています。

スタッフや意思決定の仕組みだけではどうすることもできない「リーダー」の要因は大きく、「戦いは人なり」という言葉が重大な意味をもってきます。

「長老制」司令部の典型例として南雲司令部を取り上げました。この南雲艦隊は、真珠湾攻撃後は「世界最強」などといわれていたのですが、わずか半年後のミッドウェー海戦で、その「実力」が明らかになってしまいました。大敗したミッドウェー作戦後、南雲長官や草鹿参謀長の責任が問われることがなかったばかりか、「仇討ち」として次の作戦にも参加させられました。

一方の米海軍では、実際の戦闘において闘志不十分で積極性に欠ける者、指揮官としての判断や部隊運用が不適切な者に対して極めて厳しい人事措置がとられました。イギリスのモントゴメリー元帥も、疲労したり、自信を失った指揮官は、どんな名将でも即刻更迭すべきで、戦場には有害無益だと主張しています。

日本海軍で思い切った人事措置ができなかった理由、それは平時を基準とした大胆な抜擢が難しい人事制度を打破できなかったことです。日露戦争時に東郷平八郎を連合艦隊司令長官にもってきたような有事に備えた人事配置がなぜできなかったのか。せめて実戦において闘志不足、作戦指揮で不適格性を示した指揮官を交代させることはできなかったのか悔やまれます。

「戦いは人なり」という先人の言葉を、深く顧みる必要があると思います。

戦に役立つ人

ここで海軍が考えていた「戦《いくさ》に役立つ人」「危機に強い人」というのはどういう人だったのか改めて振り返ってみます。開戦を目前にした昭和一六年四月に海軍兵学校長として着任した草鹿任一《じんいち》中将（海兵三七期）は「真正直な人」たれと訓示しています。

軍人として一番大切なことは戦に強いということである。一朝《いっちょう》事あるとき強い立派な軍人として働いてもらいたい。そのためには如何なる事に処しても「正直に徹する」ということが大事であり、『大胆にして横着』これが最もいけない。

徳川家康が、三方ケ原の戦で二人の将校斥候（筆者注、敵の状況を探るために派遣する将校）を出した。甲は欣然として勇躍出発した。乙は命令を受けたときサッと顔色が変わって心配相であった。側近者はこれを見て、甲はまことに立派であったが、乙は勇士に似合わず案外臆病だと批評した。家康はこれを聞いて「今に見ておれ、乙はきっと立派に任務を果たして帰るに相違ない」と言われたが、果たして甲の報告はおざなりのものであったが、乙は普通の者の行けないところまで深入りして重要な報告をした。

どうしてそれが事前に分かったのかと尋ねると、家康は「甲は天性大胆な男で、任務を貫っても屁とも思わない。然し幾分横着なところもあるので偵察もこの辺でよかろうと切り上げてくるような男だ。乙は正直一点張りの男だから命令を受けたとき任務の重大性を思い、やり果たせるかどうか緊張のあまり一時青ざめたが、それは臆病のためではない。誠心誠意やれるところまでやる男だ。正直に徹底するものでなければ戦は出来ない」と諭し、側近者は今更ながら家康の慧眼に推服したということである。

もう一人、戸塚道太郎《とづかみちたろう》中将（海軍航空本部長、横須賀鎮守府司令長官、海兵三八期）は戦後の回想で「愚直な人」が戦に役立つと語っています。

私は戦に真っ当に役立つ人は、愚直にして勇気のあるものが一番良いと思っている。小利口なものは、どうも勇気が欠けて実際の戦闘場面に信用しかねるようなことをする嫌いがある。沢山の飛行将校を使ってみてすぐ分かる。前者は正直に突っ込むが、後者は敵前でごまかすものさえ出て来る。参謀も実戦の闘士が一番良い。頭だけでは、その計画するところは紙の上のテーブルワークで実戦に即していないことが時には出てくることを警戒せねばならぬ。

当たり前すぎるモットー

しかるべき資質を有したうえで、「正直」や「愚直」が大事ということですが、ほかの先輩もおおむね同じようなことを言い残しています。当たり前すぎて、「戦に役立つ人」が備えているものというより、人間としての徳目を語っているように思えます。そこで思い当たるのが、同じように普遍的な徳目をモットーとしている士官学校の人格教育です。

海軍兵学校の「五省《ごせい》」は「至誠《しせい》に悖《もと》るなかりしか（誠実さや真心に背くことはなかったか）」で始まりますし、防衛大学校の「学生綱領」の第一は「廉恥《れんち》（清らかで恥を知る）」です。アナポリスの米海軍兵学校でも「嘘をつくな、欺くな、盗むな」と実に簡単な言葉をモットーとしています。

こんなシンプルなもので本当に有事のリーダーシップを全うできるのかと問いたくなります。しかし、すでに述べてきたように危機に際してのリーダーの振る舞いを考えると、これらの言葉の持つ意味の難しさや奥深さに気づかされます。

身の危険にさらされた時、高い地位や立場で難しい判断を迫られた時、これらのモットーを実行することの困難さは改めて説明する必要ないでしょう。まさにリーダーたらんと弛《たゆ》まず追い求めるに相応しい深遠な目標です。

本書は、海軍の諸先輩が残してくれた多くの貴重な教えに加えて、筆者が防衛大学校入校以来、四〇年間に接した多くの上司、同僚、部下から学んだこと、そして自らが務めた二〇あまりのスタッフやリーダー配置での経験をもとにしています。

振り返ってみると、命ぜられたさまざまな配置で、良きスタッフ、良きリーダーたらんと試行錯誤し、ようやくコツをつかんだ頃には任期が終わるということを繰り返してきました。「配置が人を作る（次々とポストを経験することで資質を高める）」と考えれば納得もできますが、同じ試行錯誤でももう少し見通しをもってうまくやれなかったかと反省することがあります。

先輩リーダーの見取り稽古をし、先人の伝記を読み考える、そういうプロセスも大切ですが、実践的な「試行錯誤の手引き書」があってもよいのではと考えました。また、拙著『作戦司令部の意思決定』では、意思決定の具体的なプロセスを詳述しましたが、そのプロセスの主役であるリーダーやスタッフがどう振る舞うべきかを示すべきだとの思いもありました。そのような意味で本書が何らかの参考になればと願っています。

最後になりましたが、こうした私の考えを汲んで出版の労をとって下さった並木書房編集部に心から感謝申し上げます。

二〇二〇年三月

堂下哲郎

主要参考資料

全般（二つ以上の章で参考としたもの）
吉田俊雄著『四人の連合艦隊司令長官』文藝春秋、一九八四年
プレジデント編『海軍式マネジメントの研究』プレジデント社、一九七八年
中村悌次著『日米両海軍の提督に学ぶ』兵術同好会、一九八八年（非売品）
中村悌次編『山梨勝之進先生伝記資料　その２』海上自衛隊幹部学校、一九九五年（非売品）
黛治夫著『海軍砲戦史談（オンデマンド版）』原書房、二〇〇九年
実松譲著『海軍を斬る』図書出版社、一九八二年
千早正隆著『日本海軍の戦略発想』プレジデント社、一九八二年
海上自衛隊幹部学校編『高木少将講話集』一九七九年（非売品）
海上自衛隊幹部学校編『板谷隆一海将論文講話集』一九九一年（非売品）
水交会編『帝国海軍提督たちの遺稿　小柳資料』水交会、二〇一〇年
堂下哲郎著『作戦司令部の意思決定』並木書房、二〇一八年
第１章
『兵科次室士官心得』海軍兵学校、一九四四年
反町栄一著『人間山本五十六（上）』光和堂、一九五六年
米内光政述『常在戦場』大新社、一九四三年
阿川弘之著『高松宮と海軍』中央公論社、一九九六年
阿川弘之「ユーモアとゆとり」『波濤』兵術同好会、一九七七年三月号（非売品）
海軍思潮研究会編『日本海軍風流譚一　短篇逸話集』ことば社、一九八〇年
海軍省達『海軍各庁処務通則』一八八六年
第２章
富岡定俊著『開戦と終戦』毎日新聞社、一九六八年
高橋敏「前動続行について」『波濤』兵術同好会、一九七六年五月号（非売品）
源田實著『海軍航空隊始末記　發進篇』文藝春秋新社、一九六一年
山本七平著『「空気」の研究』文藝春秋、一九七七年
猪瀬直樹著『昭和16年夏の敗戦』中公文庫、二〇一〇年
猪瀬直樹著『空気と戦争』文藝新書、二〇〇七年
菊澤研宗「合理的に失敗する組織」『DIAMONDハーバード・ビジネス・レビュー』ダイヤモンド社、二〇一二年一月号

第3章
豊田副武著『最後の帝国海軍』中公文庫、二〇一七年
第4章
Joint publication 5-0 "Joint Planning", U.S. Joint Chiefs of Staff, 16 Jun 2017
Perry M.Smith, *Assignment: PENTAGON 4th edition*, New York: Brassy's, 2007
第5章
安岡正篤著『活眼活学』ＰＨＰ研究所、一九八五年
山本政雄「第六潜水艇沈没事故と海軍の対応」『防衛研究所紀要』防衛研究所、二〇〇五年三月（非売品）
クセノフォーン著『ソークラテースの思い出』佐々木理訳、岩波文庫、一九七四年
千早正隆著『日本海軍の驕りの始まり』並木書房、一九八九年
阿川弘之著『井上成美』新潮社、一九八六年
第6章
有竹修二著『昭和の宰相』朝日新聞社、一九六七年
森田松太郎・杉之尾宜生著『撤退の研究』日本経済新聞出版社、二〇〇七年
宇垣纏著『戦藻録（上）』ＰＨＰ研究所、二〇一九年）
高木惣吉著『太平洋海戦史（改訂版）』岩波新書、一九四九年
高木惣吉著『現代の戦争』岩波新書、一九五六年
佐藤和正著『艦長たちの太平洋戦争』光人社、一九九三年
第7章
浅野裕一著『孫子』講談社学術文庫、一九九七年
マキャベリ著黒田正利訳『君主論』岩波文庫、一九五九年
Jay M. Shafritz, *WORDS ON WAR*, New York: Brassey's 1993
クラウゼヴィッツ著、篠田英雄訳『戦争論』岩波文庫、一九六八年
ジョミニ著、佐藤徳太郎訳『戦争概論』中公文庫、二〇〇一年
高木惣吉著『古典軍事学にあらわれた精神要素　第一部』防衛研修所、一九五八年（非売品）
中村悌次「戦場心理」『波涛』兵術同好会、二〇〇八年一月号（非売品）
秋山真之會編『秋山真之』一九九三年
おわりに
高木惣吉著『自伝的日本海軍始末記』光人社、一九七一年
B・L・モントゴメリー著、高橋光夫・船坂弘訳『モントゴメリー回想録』読売新聞社、一九七一年

付録1　悪魔の代弁者（拙著『作戦司令部の意思決定』から抜粋）

1　取り組んでいる問題は、正しく定義されたものか？
2　仮定、評価、見積もりは絶えず見直されているか？
3　単なる憶測や隠れた前提を事実として取り扱っていないか？
4　分析や評価に標語や常套句、意見や願望、憶測を含んでいないか？
5　分析や評価に違う見方や解釈があり得ることを考慮したか？
6　仮定が間違っていたら直ちに情勢を再評価せよ。
7　新たな情報に飛びつくのも無視するのもどちらも危険である。
8　最悪のケースとは、最も蓋然性のあるケースが悪化したものではない。
9　最悪のケースは、最も都合の良いケースより起きやすいもの。
10　考慮すべき行動方針や危機的事態はもう一つあり得るもの。
11　人はみずからの隠れた前提やバイアスに気づいていないもの。
12　見落とされたり間違って解釈された情報は常にあるもの。
13　情報の意味するところを決めつけるのは禁物。
14　危機は平穏の中に潜んでいる。油断大敵。
15　敵は適応し状況は変化する。長期の見積もりはもたない。
16　敵は我々のではなく彼らの論理で行動する。

17　ミラー・イメージングは最も典型的な分析失敗のかたち。
18　最悪シナリオとワイルドカードは起こるもの。
19　計画が完全に実行されてもほとんど効果がみられないことはあるもの。
20　通説、通念への依存は失敗と奇襲を受ける近道。
21　新しい課題に目を向ける前に今の課題に見落としはないか自問すべき。
22　情報の一片でも重要な部分に疑念が生じたら評価をやり直すべき。
23　常に自分が間違っている可能性を考慮する。

付録2　一般的な論理上の誤り（拙著『作戦司令部の意思決定』から抜粋）

1　人格攻撃論法（Ad Hominem）
　論理的議論でなく、個人の人格を攻撃する論法。
2　感情や恐怖に訴える論証（Appeal to Emotions or to Fear）
　感情的な言葉を用いて妥当な理由や証拠から注意をそらさせること。
3　衆人に訴える論証（Appeal to Popularity, or to the Masses）
　多くの人々が支持しているという理由で、正当性を主張したり、正しいと結論付けたりすること。
4　誤った権威に訴える論証（Appeal to Questionable Authority）
　誤った権威を根拠にしたため誤謬となったり、権威を無謬とみなしたりして誤りを犯すこと。
5　論点先取（Begging the Question）

証明すべき結論が主張の前提の中にすでに含まれている演繹法の誤り。

6 因果関係の過度の単純化（Causal Oversimplification）
不十分な因果関係に基づき、あるいは一部分の因果関係を強調しすぎて誤った結論を導くこと。

7 因果関係の取り違え（Confusion of Cause and Effect）
原因を結果と取り違えること。

8 レッテル貼り（Explaining by naming）
適当なネーミングやラベリングを提示しただけで相手を納得させること。

9 誤った二分法（False Dichotomy）
過度な単純化による白黒論法。

10 類比の誤り（Faulty or Weak Analogy）
参考事例の背景条件が異なったために、誤った類比や薄弱な類比となり誤謬を犯すこと。

11 きらびやかな普遍性に訴える論証（Glittering Generality）
詳しい検討なしに承認を得るために、あやふやで感情に訴えるもっともらしい言葉を使うこと。

12 早まった一般化（Hasty Generalization Fallacy）
少ない例や一部の個別の事実から全体を判断したり一般的な結論を導いたりする誤謬。

13 疑似相関（Neglect of a Common Cause）
二つの事象が共通した原因に起因していることを見落として誤った原因を導くこと。

14 前後即因果の誤謬（Post Hoc Ergo Propter Hoc）
たまたま前後して発生した事象に因果関係があるとする誤り。迷信の多くはこの誤謬。

15 物語の誤謬（Narrative Fallacy）
単なる事実の羅列を、物語として作り上げたり、一定のパターンとみなしたりしてしまう人間の傾向。

16　目くらまし論法（Red Herring）
問題とは関係のない目を奪うような情報によって本来の問題から注意をそらさせること。

17　藁人形論法（Straw Man）
相手の意見をわざと誤解したり歪めて引用して批判・反論し、それが妥当であるかのように見せる論法。

付録3　レッドチームによる批判的検討の手法

（拙著『作戦司令部の意思決定』から抜粋）

（1）競合仮説分析（ACH：Analysis of Competing Hypotheses）

敵の欺瞞が疑われる不確実性の高い場面で用いられる典型的な手法です。この手法は、計画チームの立てた仮説を否定する情報に着目します。

まずブレーンストーミングの手法などで、考えられる仮説を洗い出し、そのすべてについて関連する証拠をリストアップし、仮説と証拠のマトリックスを作ります。仮説を肯定するものに「＋（プラス）」、否定するものに「－（マイナス）」をつけ、仮説ごとに肯定と否定の合計点を出します。

表は、ある部隊の動きをどう見積もるかに関して、仮説A「通常の訓練」、仮説B「X島への奇襲上陸」、仮説C「X島への上陸準備」を立て、証拠として、「1資材の集積」、「2通信量の増加」、「3要人の動き」、「4偵察活動の増加」、「5特殊部隊の動き」を挙げて評価しています。

合計点から、最も否定する証拠（マイナスの数）が少ない仮説を「最も確からしい」とし、この場合は「仮

仮説 証拠	A:通常の訓練	B:X島奇襲	C:X島上陸準備
1 資材の集積	−	+	+
2 通信量の増加	+	−	+
3 要人の動き	−	−	+
4 偵察活動の増加	−	+	+
5 特殊部隊の動き	−	+	−
合計(+/−)	1/4	3/2	4/1

競合仮説分析の例

説C」が暫定的な仮説となります。

次に、各証拠が間違いや欺瞞であった場合の合計点への影響度を分析します。

たとえば「証拠1」が間違いだったとして、+と−が単純に入れ替わったと仮定すれば、各仮説の点数はAが2／3、Bが2／3、Cが3／2となり、結論は「仮説C」で変化ありません。

次に「証拠2」が間違いだったとすると、点数はAが0／5、Bが4／1、Cが3／2となり、結論は「仮説B」となります。同様に「証拠3」が間違いの場合も「仮説B」となり、「証拠2と3」は結論を左右する重要な要因となります。

分析結果として、暫定的な最も確からしい「仮説C」に加えて、現在得られている以外に特定の「新たな証拠」が得られたら肯定される可能性の高い仮説を含めて結論とします。

この「新たな証拠」は、別途、分析の中で特定されうるものです。仮説を左右する鍵となる証拠2と3を引き続きモニターする態勢をとって「意思決定プロセス」を進めます。

(2) 代替将来分析 (Alternative Future Analysis)

この手法は、計画チームの作成した単一の見積り結果を受け入れるには、あまりに状況が複雑で高い不確実性があると判断した場合に、複数の将来予測を立てて分析するものです。

一例として、「将来予測」を左右する最も重要な要因のうち不確実性の高い二つの要因を選びます。二つの要因それぞれの不確実性の幅から両極端の「将来予測」を二つ立て、合計四つの「将来予測」をシナリオとしてストーリー化します。そして、この四つのシナリオに対して、現在の戦略や決定の及ぼす影響度を評価し、必要に応じて戦略や行動方針を修正するか、そのシナリオが現実になった場合の対処策を準備します。

この手法は、比較的時間と労力を要するものですが、多くの「既知の未知事項（Known unknown）」に加えて「未知の未知事項（Unknown unknown）」が存在する状況では有用なアプローチとなります。

（3）代替データ分析（Alternative Data Analysis）

この手法は、基本的に通常の情報分析でも用いられる手法ですが、確認された情報に基づくのではなく、通常の分析では排除されるような情報源を意図的に使用するところが異なります。その情報源として、通常の分析で排除されたもの、オープンソース、学術研究のデータ等が用いられます。

この代替データ分析の結果と通常分析の結果が大きく異なった場合は、その原因となったデータを追加的に収集してさらに分析します。逆に両分析の結果が近似していれば、通常分析の結果の信頼度は高いと判断します。この手法は、敵やそれ以外のアクターの要因に見落としが懸念されたり、通常分析の結果に信頼が置けなかったり、敵の欺瞞が疑われる場合に有用です。

（4）高影響度／低蓋然性事象分析（High Impact/Low Probability Analysis）

計画チームに考えにくいことを考えさせるのも「レッドチーム」の大きな役割です。

この分析は、現場あるいは戦術レベルにおいて生起し得る蓋然性の低い事象のうち戦略レベルで大きな影響を及ぼすもの（現場兵士の悪行を撮影した映像が流出したり、コアリション軍の部隊を味方撃ちして外交問題に発展したりするような事案）を明らかにするものです。

これは注意深く立案された計画は支障なく実行されるに違いないと考える指揮官や幕僚の独善や自信過剰に警鐘を鳴らす役割も果たします。

(5) 事前失敗分析 (Premortem)

この手法は、起こり得る失敗とその可能性を予測するものです。一般のリスク分析と異なる点は、計画が失敗したと仮定するところから始めることです。

計画を完成させたグループの自信や集団思考、誤った安心感に警鐘を鳴らし、行動方針の前提条件、任務を再検討させ、計画への執着や所有者意識を打破します。ウォーゲームの前後に実施するのがベストです。以下のような要領で、短時間で実施できる「メンタル・シミュレーション」です。

①全メンバーが計画の内容を理解する。
②計画が大失敗したと想定して、何が原因だったかを考える。
③各メンバーが個別に考えられる原因を書き出す。
④各メンバーの考えをリストにする。
⑤リストをもとに現計画を検討し、修正を検討する。
⑥リストは定期的に見直し、異なる種類の失敗を思いついたら書き加えて計画を改善する。

堂下哲郎（どうした・てつろう）
1982年防衛大学校卒業。護衛艦はるゆき艦長、第８護衛隊司令、護衛艦隊司令部幕僚長、第３護衛隊群司令等として海上勤務。陸上勤務として内閣危機管理室出向、米中央軍司令部先任連絡官、海幕運用2班長、統幕防衛課長、幹部候補生学校長、防衛監察本部監察官、自衛艦隊司令部幕僚長、舞鶴地方総監、横須賀地方総監等を経て2016年退官（海将）。米ジョージタウン大学公共政策論修士。現在、日本生命保険相互会社顧問。著書に『作戦司令部の意思決定―米軍「統合ドクトリン」で勝利する』（並木書房、2018年）がある。

海軍式 戦う司令部の作り方
―リーダー・チーム・意思決定―

2020年４月10日　印刷
2020年４月20日　発行

著　者　堂下哲郎
発行者　奈須田若仁
発行所　並木書房
〒170-0002 東京都豊島区巣鴨2-4-2-501
電話(03)6903-4366　fax(03)6903-4368
http://www.namiki-shobo.co.jp
印刷製本　モリモト印刷
ISBN978-4-89063-396-8